簡単＆シンプルなフレーズで、感じのよいおもてなし
使いこなせる！ レストランサービス英会話

はじめに

日本の「おもてなし」は、世界に誇るすばらしい文化です。

　外国から日本を訪れる方が、楽しみにしていることのひとつが食事です。そして食事の場で目の当たりにして驚くことが、日本人スタッフのきめこまかやな心配り。多くのお店で、若い人もベテランの方も、おいしい料理をさらにおいしく、より楽しく味わっていただくためにさまざまな工夫や心づかいをしています。でも、外国人のお客さまとなると、大事なひとことが口から出なこない……そんな方のためにこの本を書きました。

　この本は、「英語を学ぶ」ためのものではありません。レストランにおける接遇者（サービスを行なう人）のための英会話フレーズ集です。正しい英語、正しい文法、正しい発音にはこだわらず、できるだけ「簡単に通じる」表現を選んでいます。

　英語には、日本語ほど確たるとした「接客用語」というものはありません。敬語自体もシンプル。それでも、接遇者としておもてなしの気持ちを伝えるにふさわしい表現があります。この本では、次の点に留意しています。

【できるだけ簡潔に】　実際の現場において、個々のお客さまに対応できる時間は限られています。できるだけ限られた語数で、必要な情報を感じよく、伝えることが大切。シチュエーションは日本のごく一般的なレストラン（カジュアル～スマートカジュアル）を想定していますが、場面によっては複数の言い方（簡単／より丁寧）を表記しました。

【おもてなしの気持ちを伝える】　簡潔だからこそ、言い方が大切。大事なことは発音や流暢さではなく、ことばの意味を理解したうえで「楽しんでいただきたい」という気持ちを表わすことです。各場面における各フレーズの意図、そして話すときに気を付けたい表情やしぐさについても、解説を加えています。

【使いこなせるように】　覚えたフレーズを、現場で照れずに言えるようになるには、少々トレーニングが必要です。効果的に練習できるよう、「基本の会話」についてのロールプレイ形式の練習テキストを用意しました（チャプター4）。読者のみなさんのお店で、スタッフ同士、楽しくワイワイと繰り返し練習して、実践的に身につけることをおすすめします。

　接遇者のことばは、お客さまの気持ちや満足感を左右します。おいしい料理をよりおいしく、楽しい気分をいっそう楽しく感じていただく「おもてなし」のスキルとして、この本を活用していただけると幸いです。

INDEX

Chapter 1　　　　　　　7
出迎えから見送りまで
サービス英会話の基本の流れ

1　出迎え　　　　　　　8
入口での出迎え
少しお待ちいただく場合
同行者が未着の場合

2　満席のケース対応　　10
店内満席—お待ちいただく場合
待たずにお帰りになる場合

3　席への案内　　　　　13
基本の案内
席を選んでいただく
座敷席への案内

4　着席後、オーダーまでの基本の案内　　16

5　飲料の案内　　　　　17
特定の飲料をすすめる
ビールの選び方の説明
水のリクエストに応える

6　料理の注文をとる　　19
注文をとる
おすすめメニューの案内
注文リクエストに応えられないとき
注文を復唱、テーブルを離れる

7　飲料、料理のサービス　　21
飲料のサービス
料理のサービス
特別な注文品を提供する
料理が揃ったところでひとこと

8　満足度の確認　　　　23
注文が揃っているか、などを確認する

9　飲料、食事の追加注文　　24
飲料の追加注文をすすめる
料理の追加注文をすすめる
ラストオーダー時の追加注文を聞く

10　取り皿などを補充する、不要なものを下げる　　26
皿などを補充する
おかわりを確認後、皿やグラスを下げる

11　会計　　　　　　　28
支払い場所を伝える
支払い方法をたずねる
現金を受け取る場合
クレジットカードの場合
カードの取り扱いがない、承認されない場合

12　見送り　　　　　　31
キャッシャー、出口にて

編集：木村真季　デザイン：紅葉祐一（Concent,inc.）

日本の「おもてなし」は、世界に誇るすばらしい文化です。

　外国から日本を訪れる方が、楽しみにしていることのひとつが食事です。そして食事の場で目の当たりにして驚くことが、日本人スタッフのきめこまかやかな心配り。多くのお店で、若い人もベテランの方も、おいしい料理をさらにおいしく、より楽しく味わっていただくためにさまざまな工夫や心づかいをしています。でも、外国人のお客さまとなると、大事なひとことが口から出なこない……そんな方のためにこの本を書きました。

　この本は、「英語を学ぶ」ためのものではありません。レストランにおける接遇者（サービスを行なう人）のための英会話フレーズ集です。正しい英語、正しい文法、正しい発音にはこだわらず、できるだけ「簡単に通じる」表現を選んでいます。

　英語には、日本語ほど確たるとした「接客用語」というものはありません。敬語自体もシンプル。それでも、接遇者としておもてなしの気持ちを伝えるにふさわしい表現があります。この本では、次の点に留意しています。

【できるだけ簡潔に】　実際の現場において、個々のお客さまに対応できる時間は限られています。できるだけ限られた語数で、必要な情報を感じよく、伝えることが大切。シチュエーションは日本のごく一般的なレストラン（カジュアル～スマートカジュアル）を想定していますが、場面によっては複数の言い方（簡単／より丁寧）を表記しました。

【おもてなしの気持ちを伝える】　簡潔だからこそ、言い方が大切。大事なことは発音や流暢さではなく、ことばの意味を理解したうえで「楽しんでいただきたい」という気持ちを表わすことです。各場面における各フレーズの意図、そして話すときに気を付けたい表情やしぐさについても、解説を加えています。

【使いこなせるように】　覚えたフレーズを、現場で照れずに言えるようになるには、少々トレーニングが必要です。効果的に練習できるよう、「基本の会話」についてのロールプレイ形式の練習テキストを用意しました（チャプター４）。読者のみなさんのお店で、スタッフ同士、楽しくワイワイと繰り返し練習して、実践的に身につけることをおすすめします。

　接遇者のことばは、お客さまの気持ちや満足感を左右します。おいしい料理をよりおいしく、楽しい気分をいっそう楽しく感じていただく「おもてなし」のスキルとして、この本を活用していただけると幸いです。

INDEX

Chapter 1　　　　　　　　7
出迎えから見送りまで
サービス英会話の
基本の流れ

1　出迎え　　　　　　　　8
　入口での出迎え
　少しお待ちいただく場合
　同行者が未着の場合

2　満席のケース対応　　　10
　店内満席―お待ちいただく場合
　待たずにお帰りになる場合

3　席への案内　　　　　13
　基本の案内
　席を選んでいただく
　座敷席への案内

**4　着席後、オーダーまでの
　　基本の案内**　　　　　　16

5　飲料の案内　　　　　17
　特定の飲料をすすめる
　ビールの選び方の説明
　水のリクエストに応える

6　料理の注文をとる　　19
　注文をとる
　おすすめメニューの案内
　注文リクエストに応えられないとき
　注文を復唱、テーブルを離れる

7　飲料、料理のサービス　21
　飲料のサービス
　料理のサービス
　特別な注文品を提供する
　料理が揃ったところでひとこと

8　満足度の確認　　　　23
　注文が揃っているか、などを確認する

9　飲料、食事の追加注文　24
　飲料の追加注文をすすめる
　料理の追加注文をすすめる
　ラストオーダー時の追加注文を聞く

**10　取り皿などを補充する、
　　　不要なものを下げる**　26
　皿などを補充する
　おかわりを確認後、皿やグラスを下げる

11　会計　　　　　　　　28
　支払い場所を伝える
　支払い方法をたずねる
　現金を受け取る場合
　クレジットカードの場合
　カードの取り扱いがない、承認されない場合

12　見送り　　　　　　　31
　キャッシャー、出口にて

編集：木村真季　デザイン：紅葉祐一（Concent,inc.）

Chapter 2　　　33

サービスの極意は「オススメ」にあり

すすめる、注文をとる

1 お飲みものは　　　34
　いかがですか？
　「お飲みものはいかがですか？」
　日本の飲みものを説明する

2 冷酒、熱燗の　　　36
　どちらになさいますか？
　「AとB、どちらにしますか？」

3 本日のおすすめは　　　38
　かきフライです。
　「本日のおすすめは〜です」

4 ステーキの焼き加減は　　　40
　どうしますか？
　「〜はどのようにしますか？」

5 ドレッシングを　　　42
　選んでください。

6 醤油を少量かけて　　　44
　召し上がってください。
　「〜をつけて召し上がってください」
　「熱いうちに召し上がってください」

7 こちらが　　　46
　デザートメニューです。
　「ご注文はお決まりですか？」
　「デザートはいかがですか？」

8 アレルギーなど、　　　48
　苦手な食材はありませんか？
　「何かアレルギー食材がありますか？」
　「もう一度おっしゃってください」

9 キッチンに　　　51
　確認してまいります。
　「キッチンに確認します」
　「○○を△△に変更できます」

Chapter 3　　　55

料理ジャンル別の情報案内

おいしい食べ方を説明する

1 カジュアル店一般　　　56
2 すし　　　60
3 天ぷら　　　64
4 すき焼き、しゃぶしゃぶ　　　67
5 そば、うどん　　　73
6 ラーメン　　　76
7 とんかつ　　　79
8 お好み焼き、もんじゃ焼き　　　80

Chapter 4　　　85

ロールプレイで身に着けよう

リアルサービス英会話・トレーニングテキスト

ロールプレイの練習方法　　　87

シンプル篇　　　88
〈基本の流れ〉

フォーマル篇　　　96
〈基本の流れ＋〉

お客さまとのスモールトーク篇　　　103
〈プラスアルファの会話〉

付録
お品書きにそのまま使える
和食のメニュー品目英訳集　　　109

出迎えから
見送りまで

Chapter 1
—×—

サービス英会話の基本の流れ

Standard

　和食洋食を問わず、飲食店にとって必要な基本の英会話集です。レストランにおける接客シーンをひとつひとつ追いかけ、接遇者からのお声がけ、問いかけを英語で表現しています。まずはここで、サービス英会話の全体像をつかんでください。各フレーズはできるだけコンパクトで、耳になじみやすく、日本人が発音しやすい言い方にしています。厳密には文法に則っていない文例もありますが、現代においては充分な（おかしくない）言い方です。同じ内容で、異なる言い回しが2〜3例ある場合は、カジュアルな言い方→より丁寧な言い方、の順に進みます。

1
出迎え

[入口での出迎え]

Hello.
ハロー。

Good evening./Good afternoon./Good morning.
こんばんは。/こんにちは。/おはようございます。

Good evening, welcome to ○○ .
こんばんは。○○へようこそ。

How many?
何名ですか?

How many people?
何名さまですか?

How many people in your party, sir/madam?
何名さまでいらっしゃいますか?

[少しお待ちいただく場合]

Please wait here.
こちらでお待ちください。

Could you wait here, please?
こちらでお待ちいただけますか?

Could you wait here, please?
I'll be right back to show you to your table.
こちらでお待ちいただけますか？　すぐにお席へご案内いたします。

［同行者が未着の場合］

Would you like to wait at your table?
テーブルでお待ちになりますか？

Would you like to wait at the bar for your party to arrive?
お連れさまがいらっしゃるまでバーでお待ちになりますか？

Is everyone here?
皆さまおそろいですか？

May I show you to your table?
お席へご案内いたします。

2 満席のケース対応

[店内満席―お待ちいただく場合]

I'm afraid we're full now.
あいにく、満席です。

I'm afraid we're full at the moment.
あいにく、ただいま満席です。

Could you wait 30 to 40 minutes?
30〜40分くらいお待ちいただけますか？

We may have table available in 30 minutes or so.
30分くらいでお席がご用意できるかもしれません。

There are few people waiting ahead of you.
数名の方が先にお待ちです。

I'm afraid there are few people waiting ahead of you.
あいにく、数名の方が先にお待ちです。

I'm afraid there are few parties waiting for their tables.
あいにく、テーブルをお待ちの方が数名いらっしゃいます。

Please wait here.
こちらでお待ちください。

Could you wait here, please?
こちらでお待ちいただけますか？

Could you wait here, please?
I'll be right back to show you to your table.

こちらでお待ちいただけますか？　すぐにお席へご案内いたします。

Your table is ready.

お席のご用意ができました。

Thank you for waiting. Your table is ready.

お待たせしました。お席のご用意ができました。

「お待たせいたしました」

One moment, please.

少々お待ちください。

　"Just a moment, please."は英語として間違っていませんが、「待て！」と指示するような強い意味もあるので、接遇の場面では適切ではありません。

Thank you for waiting.

お待たせいたしました（お待ちいただき、ありがとうございます）。

　少々お待ちいただき、準備が整ったところでのお声がけです。この場合、「お待たせして申し訳ありません」という「謝罪」の表現は使いません。そう言われるとお客さまは「待たされた」と思ってしまいますので。また、料理を出すときなど、日本では待たせていなくても「お待たせいたしました」と決まり文句として言いますが、英語で使いません。

I'm sorry to have kept you waiting.

お待たせして申し訳ありません。

　長くお待たせした場合、説明なくお待たせしてしまった場合に使います。

［待たずにお帰りになる場合］

**Sorry.
Please come back.**
すみません。またお越しください。

**I'm sorry.
We hope you'll come back.**
申し訳ありません。またお越しください。

**I'm sorry, sir/madam.
We truly hope you'll come back.**
申し訳ありません。またお越しくださいますよう願っております。

Thank you for coming.
お越しくださって、ありがとうございます。

3
席への案内

[基本の案内]

Follow me.
こちらです。

Please Follow me.
こちらへどうぞ。

I'll show you to your table.
Please Follow me.
お席へご案内いたします。こちらへどうぞ。

Your table.
（こちらが）お客さまのテーブルです。

Will this table be alright?
こちらのテーブルでよろしいでしょうか？

[席を選んでいただく]

Counter or table?
カウンターにしますか？　テーブルにしますか？

Would you like counter or table?
カウンターとテーブルのどちらになさいますか？

Would you prefer to sit at the counter or the table?
お席はカウンターとテーブルのどちらがよろしいですか？

Would you like the outside table?
外のお席がよろしいですか？

Would you like the window side table?
窓際のお席がよろしいですか？

Could you share table with other people?
相席でもかまいませんか？

Would you mind sharing the table with other guests?
他のお客さまとのご相席でも大丈夫ですか？

Tatami room?
お座敷では？

Would you like the *tatami* room?
お座敷はいかがですか？

[座敷席への案内]

Please take off your shoes here.
こちらで靴を脱いでください。

Please put your shoes into these lockers.
靴はこちらのロッカー（靴入れ）に入れてください。

Take the locker key with you.
ロッカー（靴入れ）の鍵をお持ちください。

Please use these sandals when going to the rest room.

お化粧室をご利用の際はこちらのサンダルをご利用ください。

「お化粧室」

　rest room, ladies' room, men's room などの表現があります。トイレ toilet は、食事の場で接遇者が使う表現としてあまりふさわしくありません。ですが、お客さまが"Toilet…"と口に出された場合には、接遇者は言い換えずに"Toilet…"と使います。

◎おもてなし英会話のポイント

　接遇者は基本的にお客さまの表現を「正す」ことはしません。もし、お客さまがサンダルを見て"These slippers? このスリッパで？"と口にされたら、"Yes, these slippers そうです。このスリッパです"と答えます。

4
着席後、オーダーまでの基本の案内

Your chilled hand towel.
冷たいおしぼりです。

Your hot hand towel.
熱いおしぼりです。

◎とくに熱いおしぼりの場合

It's very hot.
熱いです。

Your menu.
(こちらが)お客さまのメニューです。

Your menu, sir/madam.
(こちらが)お客さまのメニューでございます。

Something to drink?
お飲みものはいかがですか?

Would you care for something to drink?
お飲みものはいかがでしょうか?

Would you care for something to drink while you look over the menu?
メニューをお決めになる間に、何かお飲みものはいかがですか?

I'll be back for your order.
(のちほど)ご注文をうかがいます。

I'll be back to take your order
(のちほど)ご注文をうかがいにまいります。

5
飲料の案内

［特定の飲料をすすめる］

Would you care for glass of ice-cold draft beer?
冷たい生ビールはいかがですか？

I'll bring you the wine list.
ワインリストをお持ちします。

We have good selection of bottled wine and wine by a glass.
ボトル、グラスワインとも、よいセレクションをご用意しています。

Would you like to try our house wine?
ハウスワインはいかがですか？

［ビールの選び方の説明］

◎「ビール」の注文に対して、生ビールか瓶ビールかを聞く

Draft or bottled beer?
生ビールと瓶ビールがありますが、どちらに？

Would you like draft or bottled beer?
生ビールと瓶ビールのどちらがよろしいですか？

◎瓶ビールの注文に対して、国産か輸入品かを聞く

Domestic or imported?
国産と輸入ものがありますが、どちらに？

Would you like domestic or imported?
国産と輸入もの、どちらがよいですか？

◎銘柄をあげる

We have Asahi draft beer.
生ビールはアサヒです。

We have Asahi, Kirin and Suntory beer.
アサヒ、キリンとサントリーがあります。

We have Budweiser and Heineken.
バドワイザーとハイネケンがあります。

［水のリクエストに応える］

◎"Water, please 水をください"というリクエストに対して

Would you like bottled water?
瓶の水（ミネラルウォーター）をお持ちしますか？

> 「水を」というリクエストが、ミネラルウォーターのご注文なのか、ピッチャーに入れた水道水なのか、判断に迷うかもしれません。ですが、「水道水ですか？　瓶入りですか？」とあからさまに聞くのではなく、「瓶入りでよいですか？」とさらりと確認するのがスマートです。
> 　そこでお客さまが「水道水を tap water/regular water」とお答えになったら、わざわざ「水道水ですね」と復唱せず、「すぐに right away」とだけお答えして、さりげなくお持ちします。

Would you like flat or sparkling?
炭酸なしと炭酸あり、どちらがよろしいですか？

6 料理の注文をとる

[注文をとる]

Ready to order?
ご注文はお決まりですか？

May I take your order?
よろしければ、ご注文をうかがいます。

[おすすめメニューの案内]

Today's special is wild *shimeji* mushroom pizza.
本日のおすすめは天然しめじ茸のピッツァです。

How would you like to try our chef's special course?
シェフのスペシャルコースはいかがですか？

We are famous for ○○.
当店の名物は○○です。

Please try ○○.
○○を召し上がってみてください。

Have you ever tried ○○?
○○を召し上がったことがありますか？

I recommend ○○.
私のおすすめは○○です。

[注文リクエストに応えられないとき]

I'm afraid not.
あいにく、それはできません。

> 既存メニューの変更や、メニューにないもののリクエスト等に、応じられないときの言い方です。最初から謝罪のことばは使いません。

I'm afraid we don't have ramen. We do have udon noodles.
あいにく、ラーメンはありません。うどんならあります。

> できる限り、代替案をだします。「できない」と答えてもお客さまが納得できない表情の時には、そこではじめて謝罪します。

I'm sorry.
申し訳ありません。

[注文を復唱、テーブルを離れる]

One "A course" lunch. I'll be back with your lunch.
Aコースがおひとつですね。お持ちいたします。

Pork ginger and rice. Thank you.
豚の生姜焼きですね。ありがとうございます。

> 「聞き間違え」によるトラブルを回避するには、確認あるのみ。注文された内容をお客さまにきちんと聞こえるよう復唱します。席を離れるときは「ではお持ちします」など、必ずひとこと告げてから。

7
飲料、料理のサービス

[飲料のサービス]

Your beer.
(こちらが) お客さまのビールです。

Your grapefruit sour.
(こちらが) お客さまのグレープフルーツサワーです。

Here's your hot *sake*.
(こちらが) お客さまの熱燗です。

Here's your diet coke without ice.
(こちらが) お客さまのダイエットコーラです。

[料理のサービス]

Your *edamame*.
(こちらが) お客さまの枝豆です。

Your assorted *yakitori*.
(こちらが) お客さまの焼きとりの盛り皿です。

Your deep-fried octopus with extra lemon.
(こちらが) お客さまのたこのから揚げと多めのレモンです。

Your *dashi maki* omelet with grated *daikon* radish.
(こちらが) だし巻き卵と大根おろしです。

「これが〜です」という場合、"It's〜"ではなく、つねに"your〜"と表現します。"your〜"は、その料理、そのメニュー、そのテーブルが「あなたのものである」ことを伝えています。接遇者とお客さまとの距離を近づけることばでもあります。

［特別な注文品を提供する］

お客さま自身のこだわりで特別な注文をされ、それに応えた料理を提供する場合の言い方です。注文時のリクエストを復唱しながら提供することで、「リクエストに応えた」ことを伝えます。

Your tuna salad with dressing on-the-side.
（こちらが）お客さまのツナサラダで、（リクエスト通りに）ドレッシングは別にお持ちしました。

Your apple pie with vanilla ice cream on-the-side.
（こちらが）お客さまのアップルパイで、（リクエスト通りに）バニラアイスクリームは別にお持ちしました。

Your sugar free coke without ice.
（こちらが）お客さまのシュガーフリーコーラで、（リクエスト通りに）氷は入れていません。

［料理が揃ったところでのひとこと］

「ゆっくりお楽しみくださいね」という気持ちを伝える、大切なひとことです。このランチを、このディナーを、というトータルな表現でも、具体的な料理を指した表現でも、どちらでもかまいません。

Enjoy your dinner.
ディナーをお楽しみください。

Please enjoy your dinner.
どうぞディナーをお楽しみください。

Enjoy your noodles.
麺をお楽しみください。

Please enjoy your noodles.
どうぞ麺をお楽しみください。

8
満足度の確認

[注文が揃っているか、などを確認する]

> 「すべての注文はお揃いですか」と同時に、「飲み物、食事にご満足いただけていますか？」など複合的な意味合いで使います。すべての注文を出し揃えた時点だけではなく、それ以降にお客様と目があったときのお声がけとしても使えます。

Is everything alright?
すべての注文はお揃いですか？

Is everything to your satisfaction?
万事お気に召していただけていますでしょうか？

Would you care for anything else?
ほかに何か必要なものはございますか？

Would you like more bread?
もう少しパンをお持ちしましょうか？

9 飲料、食事の追加注文

[飲料の追加注文をすすめる]

More chilled (hot) *sake*?
冷酒（燗酒）のおかわりはいかがですか？

Another pitcher of beer?
ビールピッチャーのおかわりはいかがですか？

Another glass of plum wine?
梅酒をもう1杯いかがですか？

Would you like to try different *chuhai*?
違う種類の酎ハイはいかがですか？

◎グラスワイン等のおかわりの注文があったときに、確認する

Same wine?
同じワインでよろしいですか？

Different wine?
違うワインがよろしいですか？

Would you like to try a different wine?
違うワインをお試しになりますか？

[食事の追加注文をすすめる]

Would you like some noodles?
麺はいかがですか？

Would you like bowl of steamed rice or rice balls?
ご飯またはおにぎりはいかがですか？

Would you like *miso* soup with your rice?
ご飯に味噌汁をおつけしますか？

Would you like dessert?
デザートはいかがですか？

Would you care for some dessert?
何かデザートはいかがでしょうか？

Would you like coffee or tea?
コーヒーか紅茶はいかがですか？

[ラストオーダー時の追加注文を聞く]

Kitchen is closing. Anything else?
ラストオーダーですが、他に何かご注文は？

Our kitchen is closing.
Would you care for anything else?
ラストオーダーになりますが、他に何かご注文はいかがですか？

10
取り皿などを補充する、不要なものを下げる

[皿などを補充する]

Here's your extra plate.
追加の取り皿です。

I'll put the extra plates over here.
お取り皿をこちらに置きます。

Shall I bring you a fork?
フォークをお持ちしましょうか。

Shall I bring you a knife?
ナイフをお持ちしましょうか。

Shall I bring you another spoon?
スプーンをもうひとつお持ちしましょうか。

Shall I bring you another plate?
お皿をもう1枚おもちしましょうか？

Shall I bring you a new pair of chopsticks?
新しいお箸をお持ちしましょうか？

More green tea?
お茶のおかわりはいかがですか？

Would you care for more green tea?
お茶のおかわりはいかがでいらっしゃいますか？

[おかわりを確認後、皿やグラスを下げる]

May I take this plate?
こちらのお皿をお下げしてもいいですか？

May I take this bowl?
こちらのボウルをお下げしてもいいですか？

May I take the pot?
鍋をお下げしてもいいですか？

May I clear the table?
テーブルを片付けてもよろしいですか？

11 会計

[支払い場所を伝える]

Please settle your bill at the table.
お会計はテーブルにてうけたまわります。

※settle = セトル

Please pay at the cashier.
お支払いはキャッシャーでお願いします。

Please settle your bill at the cashier.
お会計はキャッシャーにてうけたまわります。

[支払い方法をたずねる]

Cash or credit card?
現金ですか？ クレジットカードですか？

Will you be paying by cash or credit card?
お支払いは現金でしょうか、クレジットカードでしょうか？

How would you like to settle your bill?
お会計はどのようになさいますか？

[　**現金を受け取る場合**　]

Total amount is 7,458 (seven-thousand four-hundred fifty eight) yen.

合計で7,458円です。

From 10,000 (ten thousand) yen.

1万円をお預かりします。

Your change is 2,442 (two thousand five-hundred forty two) yen.

おつりは2,542円です。

Your receipt.

（こちらが）お客さまのレシートです。

[　**クレジットカードの場合**　]

◎クレジットカードを受け取りながら

Thank you.

ありがとうございます。

◎サインするところを示しながら

Si̅gn here, please.
（サイン）

ここにサインをお願いします。

May I have your signa̅ture here, please.
（シグネチャー）

おそれ入りますが、こちらへサインをお願いいたします。

◎サインしていただいた後に

Thank you.
ありがとうございます。

◎カードを返却しながら

Your card and receipt.
（こちらが）お客さまのカードとレシートです。

［カードの取り扱いがない、承認されない場合］

I'm sorry, cash only.
申し訳ありません、現金払いだけです。

I'm afraid, we only accept cash.
あいにく、お支払いは現金のみです。

We don't accept credit cards.
クレジットカードはご利用いただけません。

We only accept Visa and Master card.
ご利用いただけるのはビザとマスターカードだけです。

◎承認がとれなかった場合（まずは婉曲にたずねる）

Do you have another card with you?
他にカードをお持ちですか？

◎上記の質問に対して「なぜ？」と聞かれた場合

We cannot get authorization on this card.
（オーソリゼーション）
こちらのカードの承認が取れません。

12 見送り

[キャッシャー、出口にて]

Thank you for coming.
お越しいただき、ありがとうございます。

Please come back soon.
またお越しください。

We hope to see you back soon.
またお越しくださいませ。

Have a nice evening.
よい夜をお過ごしください。

◎帰国が近いとわかっている場合

Have a safe trip home.
(お国まで) お気をつけてお帰りください。

Good-bye.
さようなら。

◎遅い時間帯の場合

Good night.
おやすみなさいませ。

サービスの極意は
「オススメ」にあり

Chapter 2
—×—

すすめる、注文をとる

Recommendation

外国のレストランの多くでは、接遇者から「今日のおすすめは〜です」「おかわりはいかがですか？」といったおすすめをすることが普通です。受け身で注文を待つのではなく、積極的に提案する。気持ちのこもったやり取りはお客さまの食事に対するポジティブな気分を高めます。そして、お店にとっては売り上げアップにつながります。この章では、レストランサービスの鍵となる注文場面にフォーカスして、「おすすめの言い方」「お好みのたずね方」などの会話例を重点紹介します。料理名を入れ替えれば、どんなジャンルのお店でも使える言い方です。

scene 1
お飲みものはいかがですか？

接遇者　**Something to drink?**
　　　　お飲みものはいかがですか？

お客さま　**Can you recommend an aperitif?**
　　　　食前酒のおすすめはありますか？

接遇者　**Refreshing drink for rainy season is Japanese plum wine.**
　　　　梅雨の季節におすすめの爽やかな飲みものは、梅酒です。

お客さま　**OK. I'll try that.**
　　　　じゃ試してみます。

接遇者　**Would you like it straight, on the rocks or with soda?**
　　　　ストレート、オン・ザ・ロックス、ソーダ割がございます。

お客さま　**What do you recommend?**
　　　　おすすめは？

接遇者　**It's very good with soda.**
　　　　ソーダ割がおすすめです。

お客さま　**Sounds good.**
　　　　それでいいです。

接遇者　**I'll be back with your drink.**
　　　　では、お持ちします。

---

drinkは通常アルコールを使用した飲料を意味します。飲料全般はヴェバレッジbeverageですが、この単語を使ってすすめることは一般的ではありません。ノンアルコール飲料について言う場合は、炭酸飲料を示すソフトドリンクsoft drink、または果汁飲料のジュースjuiceの語を使います。

「お飲みものはいかがですか？」

Something to drink?
お飲みものはいかがですか？

Would you care for something to drink?
お飲みものはいかがでしょうか？

Would you care for some ○○ ?
○○はいかがですか？

日本の飲みものを説明する

Sake is made from rice.
日本酒は米から作られています。

Shochu is traditional spirit distilled from sweet potato, wheat, rice or brown cane sugar.
焼酎は日本の伝統的な蒸留酒です。芋、麦、米、黒糖、それぞれから作られています。

"Sour" is *shochu* spirit cocktails.
サワーというのは、焼酎のカクテルです。

Japanese plum wine is actually a liqueur made with *ume*-fruit.
梅酒というのは、梅のリキュールです。

scene 2
冷酒、熱燗のどちらになさいますか?

接遇者 — **Would you like chilled or hot *sake*?**
冷酒、熱燗のどちらになさいますか?

お客さま — **We'll have chilled *sake*.**
冷酒で。

接遇者 — **We have dry and fruity *sake*.**
辛口とフルーティな感じのものがありますが、いかがなさいますか?

お客さま — **Which do you recommend?**
どちらがいいと思う?

接遇者 — **Would you like to start with the fruity one?**
少しフルーティなものからはじめてみますか?

お客さま — **Yes, that sounds good.**
それがいいです。

接遇者 — **I'll be back with your *sake*.**
お酒をお持ちします。

「AとB、どちらにしますか？」

Would you like chilled or hot *sake*?
冷酒、熱燗、どちらになさいますか？

Would you prefer white or red wine?
白ワインと赤ワインは、どちらになさいますか？

Straight or on the rocks?
ストレートにしますか？　オンザロックにしますか？

Would you like draft or bottled beer?
生ビールと瓶ビールのどちらがよろしいですか？

◎飲みものの表現例

キンと冷えた生ビール　ice-cold draft beer
冷酒　chilled **sake**
甘い柚子酒　sweet **yuzu**-citrus liqueur
サービスの（無料の）飲みもの　complimentary drink

凍結酒　frozen **sake**
新酒　newly-brewed **sake**
ノンアルコールドリンク　non alcoholic drink

scene
3
本日のおすすめはかきフライです。
——×——

接遇者 **Todays special is deep-fried oyster with tartar sauce.**
本日のおすすめは、かきフライのタルタルソース添えです。

お客さま **I'll have that. Can I have the tartar sauce on-the-side?**
それをください。タルタルソースを別にしてもらえますか？

接遇者 **Certainly. Deep-fried oyster with tartar sauce on-the-side.**
かしこまりました。かきフライを、タルタルソースを別にしてお持ちします。

お客さま **Thank you.**
ありがとう。

「Certainly サーテンリー」

「〜はできる？」「〜してもらえる？」と聞かれた場合に「もちろんご希望に添えます」と伝える表現です。「〜できる？」と質問されて、問題なければまずこのひとこと。
　外国人のお客さまには、自分の好みやスタイルをはっきり主張する方がいます。よくある要望が、「ソースをかけずに別に添えて sauce separately」、「〜を別にして〜 on-the-side」「〜を抜いて without〜」といったこと。問題がなければ"Certainly"と言ってから、その点も含めて注文を復唱します。

「本日のおすすめは、〜です」

Today's special is horse mackerel, deep-fried with bread crumbs.
本日のおすすめは「あじフライ」です。

Chef's specialty is simmered tender octopus.
料理長の得意料理は「たこのやわらか煮」です。

We're famous for our shrimp dumpling.
当店の名物は「えび餃子」です。

How about sea bream *sashimi*?
「鯛の刺身」などはいかがですか？

How would you like to try wild vegetable *tempura*?
「山菜の天ぷら」を召し上がってみませんか？

Have you tried our chicken tenderloin *sashimi* with *wasabi*?
「鶏わさ」を召し上がったことはありますか？

My favorite is stewed Hamburg steak.
私のお気に入りは「煮込みハンバーグ」です。

I'd recommend *miso ramen*.
「みそラーメン」をおすすめします。

scene
4
ステーキの焼き加減はどうしますか？

接遇者 **We're famous for our *wagyu*, Japanese beef steak with grated *daikon* radish sauce.**
当店の名物は和牛のステーキ、大根おろしのソースです。

お客さま **I'll try that.**
それを食べてみたいわ。

接遇者 **How would you like your steak?**
ステーキの焼き加減はいかがいたしましょうか。

お客さま **Medium rare.**
ミディアムレアで。

接遇者 **Would you like potato or seasonal green vegetable with your steak?**
ステーキのつけ合わせは、ポテトと季節の青野菜のどちらになさいますか？

お客さま **Potato, please.**
ポテトにします。

接遇者 **How would you like your potatoes? Roasted, grilled or French fries?**
ポテトの調理方法はいかがなさいますか、ロースト、グリル、フレンチフライがございます。

お客さま **Roasted.**
ローストで。

「～はどのようにしますか？」

How would you like your steak?
ステーキの焼き具合はいかがしますか。

How would you like your egg?
卵はどう調理いたしましょう？

◎ステーキの焼き方

レア（生焼け）rare
ウエルダン（しっかり焼けた）well done
ミディアム（中程度／芯がほんのり赤い）medium
ミディアムレア（レアとミディアムの間）medium rare

◎卵の調理法

目玉焼き　fried egg（両面焼き　over easy／片面焼き　sunny side up）
固ゆで卵　hard-boiled-egg　　　　　　落とし卵、ポーチドエッグ　poached egg
半熟ゆで卵　soft-boiled-egg　　　　　　オムレツ　omelet
炒り卵、スクランブルエッグ　scrambled egg

◎卵の火入れの表現例

黄身にしっかり火を入れて　hard　　　　黄身が流れない程度まで　dry
やわらかい状態に　soft　　　　　　　　黄身は流れる状態に　runny

◎つけ合わせのジャガイモ

ベークドポテト（皮をむかずオーブンで調理）baked potatoes
ローストポテト（皮をむいてオーブンまたは直火で調理）roast(ed) potatoes
オーブン・ベークドポテト（油で揚げないフライドポテト）oven-fried potatoes
フライドポテト（フレンチフライ）French fries
マッシュポテト　mashed potatoes
ハッシュドポテト　hash brown potatoes

scene 5
ドレッシングを選んでください。

接遇者 — I'd recommend the summer vegetable salad.
夏野菜のサラダをおすすめします。

お客さま — That sounds good.
いいですね。

接遇者 — Would you prefer Japanese or Italian dressing on your salad?
サラダのドレッシングは和風とイタリアンがありますが、どちらになさいますか?

お客さま — What's in the Japanese dressing?
和風ドレッシングには何が入っているの?

接遇者 — Sesame paste, soy sauce and sesame oil.
練りゴマ、醤油、ゴマ油が入っています。

お客さま — I'll have the Japanese dressing.
では、和風ドレッシングで。

接遇者 — I'll be back with your summer vegetable salad with Japanese dressing.
夏野菜のサラダ、和風ドレッシングをお持ちいたします。

◎ソースやドレッシングの味を聞かれた場合の答え方

　ドレッシングやソースには多数の食材が使われていることがあります。「何が入っている？」とたずねられたら、いちばんの味のポイントとなっている調味料や食材をまず挙げ、その他のものをひとつ、ふたつ、加えます。ただし、「アレルギーがある」という理由で質問された場合は、すべての調味料、食材を答えます。

◎Vinegar & Oil ヴィネガーとオイル

　"Can I just have vinegar and oil？ ヴィネガーとオイルだけもらえますか？"——サラダや温野菜などの注文に際して、よくあるリクエストです。キッチンで調理されたドレッシングではなく、シンプルにヴィネガーとオイルをかけて食べたい、という要望なので、キッチンに伝えて、テーブルにヴィネガーとオイルをお持ちします。

scene
6
醤油を少量かけて召し上がってください。

―×―

接遇者 ### Have you tried *yakitori*?
焼きとりを召し上がったことはありますか？

お客さま ### We'll try this assorted *yakitori* and homemade *tofu*.
焼きとりの盛り合わせと手作り豆腐にします。

接遇者 ### Assorted *yakitori* plate and homemade *tofu*.
焼きとりの盛り合わせと手作り豆腐ですね。

Anything else?
他に何かご注文は？

お客さま ### That will be all.
これでいいです。

接遇者 ### I'll be right back with your meal.
お食事をすぐにお持ちします。

接遇者 ### Here's assorted *yakitori*.
こちらが焼きとり盛り合わせです。

Try them with *sansho* Japanese peppers or *shichimi* seven spices.
よろしければ、山椒と七味唐辛子で召し上がってください。

接遇者 ### Your homemade *tofu*.
こちらが手作り豆腐です。

Try it with ginger and small amount of soy sauce.
こちらの生姜と醤油を少しかけて召し上がってください。

「〜をつけて召し上がってください」

Please try it with condiments.
薬味と一緒に召し上がってください。

Please try it with ginger or wasabi.
生姜またはわさびで召し上がってください。

Please try it with small amount of soy sauce.
醤油を少量つけて召し上がってください。

◎調味料のつけ方をアドバイス

　外国人のお客さまは、何にでも醤油をたっぷりつけてしまいがちです。少量をつけていただきたい場合は"small amount"をゆっくりと、少し強調して伝えます。

「熱いうちに召し上がってください」

Please eat it while it's hot.
熱いうちに召し上がってください。

Please eat it in one bite.
ひとくちで召し上がってください。

You can eat it with your fingers.
そのまま手でつまんで召し上がってください。

scene
7
こちらがデザートメニューです。
———×———

接遇者	**Would you care for dessert?** デザートはいかがですか？
お客さま	**Yes, what do you have?** ええ。何がありますか？
接遇者	**This is your dessert menu.** こちらがデザートメニューです。
	Seasonal dessert is *amanatsu* citrus fruit sherbet and cherry sundae. 季節のデザートは甘夏のシャーベット、さくらんぼのサンデー（パフェ）です。
お客さま	**OK. Could you give us more time to decide?** 決める時間を少しもらえますが。
接遇者	**Certainly, I'll be back to take your order.** かしこまりました。のちほど、ご注文をうかがいにまいります。
接遇者	**Ready to order?** ご注文はお決まりですか？
お客さま	**We'll have *amanatsu* sherbet and cherry sundae.** 甘夏のシャーベットと、さくらんぼのサンデーにします。
接遇者	**I'll back with your *amanatsu* sherbet and cherry sundae.** 甘夏シャーベットとさくらんぼのサンデーをお持ちします。

「ご注文はお決まりですか？」

Ready to order?
ご注文はお決まりですか？

May I take your order?
よろしければ、ご注文をうかがいます。

「デザートはいかがですか？」

Would you care for dessert?
デザートはいかがですか？

Would you like a dessert wine?
デザートワインはいかがですか？

Would you like coffee or tea?
コーヒー、紅茶はいかがですか？

scene 8
アレルギーなど、苦手な食材はありませんか？

———×———

接遇者 **Do you have food allergy?**
食材にアレルギーはありますか？

お客さま **I'm allergic to shrimp.**
私はエビのアレルギーです。

接遇者 **Can you eat scallop?**
ホタテ貝は召し上がれますか？

お客さま **Yes, I love scallop.**
ええ。ホタテ貝は大好きです。

接遇者 **Are there any likes and dislikes or allergies we should know about?**
何か好き嫌い、アレルギーについてうかがっておくことがありますか？

お客さま **I'm allergic to shrimp.**
私はエビのアレルギーです。

接遇者 **I'll let kitchen know about your allergy.**
キッチンにお客さまのアレルギーについて伝えます。

お客さま **Thank you. I appreciate that.**
ありがとう。感謝します。

お客さま	**Does this Japanese salad include nuts or nuts oil? I'm allergic to all nuts.** このサラダにはナッツまたはナッツオイルが含まれますか？　私はナッツアレルギーです。
接遇者	**No, this salad does not include nuts or nuts oil.** このサラダにはナッツやナッツオイルは含まれません。
お客さま	**OK. Good.** そう。よかった。

お客さま	**My husband is allergic to gluten. Does this salad include gluten?** 夫はグルテンアレルギーです。このサラダにはグルテンは含まれていますか？
接遇者	**Could you repeat that, please?** もう一度おっしゃっていただけますか？ **…Could you speak slowly, please?** …ゆっくりお話しいただけますか？ **…Could you write it down?** …こちらに書いていただけますか？ **I understand that your husband is allergic to gluten.** ご主人がグルテンアレルギーをお持ちだと理解いたしました。 **This salad does not include anything with gluten.** このサラダにはグルテンが含まれるものは入っていません。 **How may I help you with the menu?** メニュー選びでどのようにお手伝いいたしましょう？

「何かアレルギー食材はありますか？」

Do you have food allergy?
何かアレルギー食材はありますか？

　食物アレルギーの原因となる食品はさまざまで、とくに多いのが、卵、牛乳、小麦、甲殻類（エビ、カニ、ロブスター等）、そば、大豆、ピーナッツ、ナッツ類、魚、米…などです。うっかり食べて重症化すると命にかかわりますので、食物アレルギーがあると相談された場合は、もしその英語が充分に理解できなければ、お客さまに食品名を紙に書いてもらうなど、確認作業には慎重を期します。「わかったつもり」は厳禁。同時に、キッチンにはアレルギー食品への対応を確実に伝えます。

「もう一度おっしゃってください」：相手の英語が聞きとれないとき

Could you repeat that, please?
もう一度おっしゃっていただけますか？

Could you speak more slowly, please?
もう少しゆっくりお話しいただけますか？

Could you write that down, please?
書いていただけますか？

I'm sorry, I don't understand.
申し訳ありません。理解できません。

One moment, please. I'll be back with English speaking staff.
少しお待ちください。英語を話すスタッフを連れてきます。

scene 9
キッチンに確認してまいります。

接遇者	**Are there any likes and dislikes or allergies we should know about?** 何か好き嫌い、アレルギーについてうかがっておくことがありますか？
お客さま	**I'm vegetarian. I don't eat eggs, does this seasonal salad include egg?** 私はベジタリアンです。卵を食べません。この季節のサラダには卵が入っていますか？
接遇者	**Yes, soft-boiled egg is included in this salad.** はい。このサラダには温泉卵が入っています。
お客さま	**Can you change that to something else?** 何か他のものに変えてもらえますか？
接遇者	**I'll check with the kitchen. I'll be right back.** キッチンに確認してまいります。すぐに戻ります。
接遇者	**We can change the egg to cheese.** 卵をチーズに変えることができます。
お客さま	**Cheese will be good. Does the dressing use chemical seasoning?** チーズなら大丈夫。ドレッシングに化学調味料は使われていますか？
接遇者	**No, we don't use chemical seasoning.** いいえ。私どもでは化学調味料は使用しておりません。
お客さま	**I'm glad to hear that.** よかった。

「キッチンに確認します」「○○を△△に変更できます」

I'll check with the kitchen.
キッチンに確認してまいります。

We can change ○○ to △△ .
○○を△△に変更できます。

I'm afraid we cannot prepare ○○ without △△ .
あいにく、△△抜きで○○をご用意することができません。

Would you like to try this ○○ ?
こちらの○○ではいかがでしょうか？

◎ベジタリアンに関連することば

　ベジタリアンにはいろいろな種類があり、食べられる範囲が異なるのはもちろん、それを選ぶ理由も、アレルギーを含む健康問題、味覚の嗜好、あるいは人生の主義として…と、さまざまです。
　ラクト・ベジタリアン Lact Vegetarianは乳製品OKの菜食主義者、ラクト・オボ・ベジタリアン Lact Ovo Vegetarianは乳製品と卵がOKの菜食主義者、ビーガン Veganは動物に関するものすべてを食べない、身につけない生き方で、肉、魚、乳製品、卵のすべてを不食としています。
　なお、だしについては、上記の分類によらず魚（かつお節、煮干し等）のだしがOKという人と、昆布だしのみOKの人がいます。

動物の肉　meat	卵　egg
家禽肉　poultry	乳製品　dairy products
魚介類　fish	

◎添加物に関連することば

グルタミン酸ナトリウム　MSG（mono sodium glutaminate）

化学調味料　chemical seasoning	保存料　preservative
防腐剤　antiseptic	合成添加物　synthetic addition

料理ジャンル別
情報案内

Chapter 3
⇠×⇢

おいしい食べ方を説明する

Navigation

　和食はとてもバリエーションが豊かです。食材やメニューが多いだけでなく、専門ジャンルごとに技術が究められ、それぞれの味わい方に独特のスタイルがあるところが、外国人にはとても興味深く映っています。だからこそ「もっと知りたい」。カウンターでの注文のしかた、薬味の使い方、おかわりのタイミング……プラスアルファの情報がほんの少しあることで、貴重な和食体験がよりおいしく、より楽しく印象深いものになるはず。好奇心旺盛なお客さまにはぜひ、日本の食の繊細な心づかいに触れていただきましょう。

1
カジュアル一般
—×—

　旅する人は冒険心に富んでいます。日本を訪れる外国人は、言葉が通じようと通じまいと、町中の普通の食堂やレストランにもどんどんトライしています。ことばが通じないから、英語メニューがないからと焦る必要はありません。楽しんでいただきたいという気持ちがあれば、たいていは何とかなります。とはいえ、お店のシステムや都合を説明しなければならない場合もあります。そんな状況を想定して、簡潔なフレーズを用意しました。

Buy meal ticket at the bending machine.
券売機で食券を買ってください。

Ready to order? Please pay in advance.
ご注文は？　当店は、前会計になります。

For here or to go?
店内で召し上がりますか？　お持ち帰りですか？

Four? This way, please.
4名さまですね。こちらへどうぞ。

Could you share table with other people?
相席でもかまいませんか？

Would you mind sharing the table with other guests?
他のお客さまとのご相席でも大丈夫ですか？

I'm afraid we don't have English menu.
あいにく、英語のメニューはありません。

You can see the menu sample outside.
外に、メニューのサンプルがあります。

We only serve prix-fixe menu for lunch.
ランチタイムは、セットメニューのみのご提供になります。

Sorry, prix-fixe lunch is sold out.
すみません、日替わりランチは売り切れました。

Sorry, we are all out of seared fresh bonito.
すみません、かつおのたたきは売り切れてしまいました。

Sorry, we don't serve lunch menu now.
すみません、今の時間はランチメニューをお出しできません。

Sorry, we're close until dinner time.
すみません、ディナータイムまでクローズします。

Sorry, our kitchen is closed until dinner time.
すみません、ディナータイムまでキッチンの火を落としています。

We only serve tea and light meal.
お茶や軽食のみご用意できます。

Cover charge is 500 yen per person.
席料は、おひとり500円です。

This is *o-toshi*, small appetizer and it's part of the cover charge.
これは「お通し」です。お代は、席料の一部です。

I'm sorry *o-toshi* is customary decided by chef and we cannot change it.
申し訳ありません。「お通し」は変更することができません。

When you're ready to order, please press this buzzer.
ご注文がお決まりになりましたら、こちらのブザーでお知らせください。

Additional 100 yen for order of soup with your sandwich.
プラス100円でサンドイッチにスープがつけられます。

Would you like rice or bread?
ライスとパンはどちらになさいますか？

Please choose salad or dessert for your pasta set.
パスタセットのサラダかデザートをお選びください。

Would you like your iced coffee now or after your meal?
アイスコーヒーは、今すぐお出ししますか？　食後にお出ししますか？

I'll be right back.
はい。すぐにお持ちします。

One moment, please.
少々お待ちください。

Salad Bar is over there.
あちらが、サラダバーです。

Self-serve soft drink station is over there.
あちらが、ドリンクバーです。

Curry rice is for? ...Sandwich is for?
カレーライスはどちらさま？　…サンドイッチはどちらさま？

Who ordered ice tea?
アイスティーのかた？

Please try these condiments.
こちらの薬味をどうぞ。

This is soy sauce, this is vinegar, and this is chili oil.
こちらが醤油で、こちらが酢、こちらがラー油です。

Please use this small plate.
この小皿をお使いください。

Second helping of rice is free of charge.
ご飯のおかわりは無料です。

Free refills on coffee.
コーヒーのおかわりは無料です。

Would you like second helping of rice?
ご飯のおかわりはいかがですか？

More cabbage?
キャベツのおかわりはいかがですか？

This is complimentary dessert.
こちらは、サービスのデザートです。

Please pay at your table.
お会計はお席でお願いします。

Please pay at the cashier.
お会計はキャッシャーでお願いします。

2
すし

ふだん物静かに見える日本人が、すし屋のカウンターではお店の人と積極的にテンポのよい会話を楽しんでいる、と話していた外国の方がいました。そこには、うらやましい…という気持ちも感じ取れました。つまり自分もカウンターに座って注文しているけど、日本人のように楽しめてはいないのでは、という思いです。

「すし店を楽しむ」にはコミュニケーションが欠かせない、ということに外国の方も気づき始めています。おすすめのネタ、おすすめの順番、おすすめの食べ方でリードする場合でも、そこにほんの少しの説明があると、すし文化をより楽しんでいただけます。繊細な風味を味わっていただくためにも、ぜひ説明を試みてください。

Would you like to order one by one or the set menu?
「お好み」になさいますか？ セットメニューになさいますか？

I'll prepare *sushi* of your choice. Please let me know.
お好みのものを握りますので、お声がけください。

I recommend *Omakase* course to enjoy the best fish in the season.
旬の魚を楽しめる「おまかせ」コースをおすすめします。

Are there any fish you cannot eat?
食べることができない魚はありますか？

Are you able to eat shellfish?
貝類は召し上がれますか？

Start with sliced *sashimi*?
はじめに、さしみを切りますか？

I'll serve you the *sushi*, in the best order.
一番おいしく召し上がっていただける順番ですしをお出しします。

We have very good tuna today.
今日はよいマグロが入っています。

Today's recommendation is this sea bream.
今日のおすすめは、このタイです。

This baby gizzard can only be enjoyed in July.
この新子は7月にだけ楽しんでいただける食材です。

***Buri*, yellowtail is in season.**
ブリが旬です。

This *botan-ebi* prawn is very good today.
本日は、こちらのボタンエビがおすすめです。

Would you like your sushi with or without *wasabi*?
すしにはワサビを入れて、それとも入れないで握りますか?

This is *o-toro*, fatty tuna.
これが、大トロです。

This is *shima-aji*, striped jack.
これが、シアマジです。

This mackerel (マッケロー) has been marinated in vinegar.
このサバは、酢で締めてあります。

This sea bream has been prepared with *kombu* kelp (ケルプ).
このタイは、昆布で締めてあります。

You can eat sushi with your fingers or with chopstick.
すしは箸を使わずに、手でつまんで召し上がっていただいてもよいですよ。

Please dip just a little amout of soy sauce on the fish, not the rice.
どうぞ、お醤油はしゃりではなく、魚のほうにつけてください。

Put small amount of soy sauce on the fish.
醤油は少量を、魚につけてください。

To enjoy the delicate flavor of fish, put small amount of soy sauce on the fish.
魚の繊細な味を楽しんでいただけますから、醤油は少量を、魚につけてください。

To enjoy the flavor, put small amount of salt on top of this *sushi*.
魚の風味を楽しめますから、こちらのすしには少量の塩をつけてください。

It's seasoned, please eat it as it is.
味がついているので、そのまま召し上がってください。

This is already seasoned with soy sauce.
これはすでに醤油をつけてあります。

This is already seasoned with sauce.
これはすでにタレをつけてあります。

This sushi has been seasoned with salt and *yuzu*, so eat it as it is.
このすしには塩とユズで味つけしてあります。そのまま召し上がってください。

This sushi has been seasoned with special sauce, so eat it as it is.
このすしは特製のタレで味つけしてあります。そのまま召し上がってください。

Eat ginger to refresh your mouth.
ガリを召し上がると、口の中がさっぱりします。

This is last sushi for *Omakase* course. Would you care for anything else?
「おまかせ」コースはこれで終わりです。他に何か召し上がりますか？

◎すしネタの説明

マグロ	tuna	タコ	octopus
大トロ	fatty tuna	エビ	prawn
中トロ	medium fatty tuna	甘エビ	sweet shrimp
カレイ	flounder	アワビ	abalone
ヒラメ	fluke	アナゴ	conger eel
タイ	sea bream	ウニ	sea urchin
シマアジ	striped jack	イクラ	salmon roe
ブリ	yellowtail	トビコ	flyingfish roe
カツオ	bonito	カズノコ	herring roe
サワラ	Spanish mackerel	子持ち昆布	**kombu** with herring roe
アジ	horse mackerel	ホタテ	scallop
イワシ	sardine	アカガイ	**akagai**, red clam
サバ	mackerel	タイラ貝	pen shell
小肌	gizzard shad	ホッキ貝	**hokki**, surf clam
サケ	salmon	アオヤギ	**aoyagi**, orange clam
ヤリイカ、スルメイカ	squid	煮ハマグリ	cooked **hamaguri** clam
甲イカ	cuttlefish	煮ダコ	cooked octopus

3
天ぷら

　天ぷらは、外国人にとってもわかりやい食べものです。とはいえ、目の前に天つゆと塩がある場合、どちらをつけたらよいのか、どれくらいつけるべきか、大根おろしはどうするのか…までは、承知していない方が大半でしょう。それらが伝わると、天ぷらという料理をよりおいしく、日本料理の繊細さをより深く味わうことができます。そして隣の日本人客と同レベルに楽しめたと感じることで、お客さまの満足感はいっそう高まります。

　また、外国人に多いのは、濃い味に慣れているからか、天つゆを最初からたくさんつけてしまうこと。素材の風味を損なわないよう、最初に「軽くつけてみてください」とお伝えできるとよいと思います。といっても、天つゆをどうつけようとお客さまの自由ですから、繰り返し言う必要はありません。最初の一度だけ伝えます。

Are there any fish or vegetable you cannot eat?
食べられない魚や野菜はありますか？

Are you able to eat shellfish?
貝類は召し上がれますか？

There are *Ume*, *Take* and *Matsu* course.
コースには梅、竹、松があります。

Prix fixe meal includes *tempura*, rice, *miso* soup and pickles.
プリ　　フィックス
すべてのセットメニューには天ぷら、ご飯、味噌汁、香の物がついています。

Ten-don is bowl of rice topped with *tempura* and sauce.
天丼はご飯の上に天ぷらとタレをのせたものです。

I'd recommend *Take* course with prawn, sea eel and seasonal vegetable *tempura*.
クルマエビ、アナゴ、季節の野菜の天ぷらの竹コースをおすすめします。

I'll fry seafood or vegetable of your choice. Please let me know.
「お好み」で揚げますので、お好きな魚や野菜をおっしゃってください。

Tempura will be served one by one in best order.
天ぷらは1種類ずつ、いちばんよい順番に揚げてお出しします。

This is assorted tempura of seafood and vegetables in season.
旬の魚介類、野菜の天ぷらの盛り合わせです。

Please try salt with this shiitake mushroom.
このシイタケは塩をつけて召し上がってください。

With salt, you'll be able to enjoy the natural flavor of this fish.
塩をつけると、この魚の素材本来の味わいを楽しめますよ。

Please lightly dip your tempura into this sauce.
天ぷらを天つゆに「軽く」つけてください。

This grated daikon radish adds refreshing flavor to the dipping sauce and also helps digestion.
この大根おろしは天つゆにフレッシュな味わいを足し、また消化の助けにもなります。

Rice, *miso* soup and pickles will be served after *tempura*. Is that alright?
ご飯、味噌汁、香の物は、天ぷらの後にお出ししますが、よろしいですか？

This is last *tempura* for your course.
コースの天ぷらはこれで終わりです。

Would you care for more *tempura*?
他に何か召し上がりますか？

Kakiage, mixed vegetable and seafood *tempura*.
かき揚げは野菜と魚介類をミックスした天ぷらです。

Kakiage, may be eaten in *tencha* style or just with bowl of rice.
かき揚げは、天茶にして、またはご飯と一緒に召し上がっていただけます。

Tencha is bowl of rice topped with *kakiage* and served with tea/*dashi* poured over it.
天茶はご飯の上にかき揚げをのせ、その上にお茶（だし）を注いだものです。

◎天たねの説明

クルマエビ	prawn	シラウオ	icefish
小エビ	shrimp	シロウオ	ice goby
キス	**kisu**, sillago	サツマイモ	sweet potato
イカ	squid	玉ネギ	onion
甲イカ	cuttlefish	シシトウ	sweet green pepper
アナゴ	conger eel	グリーンアスパラガス	green asparagus
ギンポ	**ginpo**, gunnel	シイタケ	**shiitake** mushroom
小柱	**kobashira**, shell ligament	大葉	green **shiso** leaf

小エビと小柱のかき揚げ　mixed shrimps and **kobashira**

4
すき焼き、しゃぶしゃぶ

すき焼きやしゃぶしゃぶはそれ自体のおいしさもさることながら、外国人にとってはその「食べ方」自体がユニークです。なぜこのように調理するか、どう食べるとよりおいしくなるか、までを体感することができたら、いっそう楽しい和食体験になるはずです。

お客さまの目の前で接遇者が調理する場合、ひとつひとつの食材や手順については、ことばで説明しなくても一目瞭然です。それよりも「割り下のしみた牛肉と生卵は絶妙のハーモニー」であるとか、「肉の後に食べる豆腐には、旨みがよくしみこんでおいしい」といった、おいしさの「コツ」的な部分を伝えられたら。正しい英語でなくても、単語をいくつか並べるだけでも、「おいしさを伝えたい」という気持ちで挑戦してみてください。

Please try these prix fixe dinner.
こちらのディナーセットはいかがですか。

There are deluxe, extra-deluxe and super-deluxe course.
セットメニューには、上、特上、極上コースがあります。

Prix fixe dinner includes *sukiyaki/shabu-shabu*, appetizer, rice, clear soup, pickles and dessert.
すべてのセットメニューに、すき焼き(しゃぶしゃぶ)、前菜、ご飯、お吸物、香の物がついています。

「すき焼き」の説明

Sukiyaki is thinly-sliced beef cooked in soy sauce and sugar based sauce.
すき焼きは薄くスライスした牛肉を醤油、砂糖ベースのタレで調理するものです。

It is cooked with tofu, green onion, _shiitake_ mushrooms and other ingredients.
豆腐、ネギ、シイタケ等の食材と一緒に調理します。

It's cooked slowly at your table.
卓上の鍋でゆっくりとぐつぐつ煮ます。

Sukiyaki is eaten with beaten raw eggs.
すき焼きは生卵と一緒に食べます。

The eggs are farm fresh eggs, safe to be eaten raw. The harmony of beef, soy sauce and sugar with raw egg is delicious.
卵は新鮮で、生で食べても安全なものです。お肉、醤油、お砂糖と生卵のハーモニーを味わってください。

I will prepare your *sukiyaki*.
すき焼きの調理をさせていただきます。

First I'll start with beef. To enjoy the flavor of these special beef, it's best not to over-cook it.
まず、牛肉から焼きます。この特別な肉の風味を楽しんでいただくためには、煮すぎないようにします。

May I put the beef into the beaten egg?
お肉を卵の中に入れてよろしいですか。

Tofu has absorbed (アブゾーブド) the flavor of the sauce.
お豆腐にはソースの味がよくしみ込んでいます。

These are *shirataki*, yam noodles. It has unique texture.
これはシラタキ、イモの麺のようなものです。歯ごたえが独特です。

This green vegetable is *shungiku*. It has fresh herb like flavor.
この青菜は春菊です。ハーブのような爽やかな風味があります。

Inside of green onion is very hot. Please be careful.
ネギの中は熱いので、お気をつけ下さい。

Would you care to order more meat or vegetables?
お肉、お野菜の追加注文はいかがですか？

「しゃぶしゃぶ」の説明

Shabu-shabu is a delicately sliced beef lightly cooked in special _kombu_ kelp (ケルプ) broth.

しゃぶしゃぶは繊細にスライスされた牛肉を軽く特別は昆布だしの中で調理するものです。

It is cooked with _tofu_, Japanese mushrooms, chinese cabbages and other ingredients.

豆腐、キノコ、白菜等の食材も一緒に調理します。

Shabu-shabu is eaten with two type of dipping sauce. _Ponzu_, citrus-based sauce and _goma-dare_, roasted sesame sauce.

しゃぶしゃぶのソースは2種類あります。柑橘ベースの「ポン酢」と、炒りゴマベースの「胡麻だれ」です。

I will show you how to enjoy *shabu shabu*.
しゃぶしゃぶの楽しみ方の見本をお見せいたします。

These very delicately sliced beef will go into the broth like this.
こちらのごく薄くスライスされた牛肉をこのようにだしに入れます。

Swish it back and forth *"shabu shabu"* like this.
「しゃぶしゃぶ」と動かします。

To enjoy the flavor of the beef, don't cook it for too long.
牛肉の風味を楽しむには、火を通しすぎないようにしてください。

Meat is ready when the color has changed.
肉の色が変わったら、もう大丈夫です。

Please try it with your chopstick.
ご自分のお箸でどうぞ試してみてください。

Dip the beef into *ponzu* citrus-based sauce or *goma-dare* roasted sesame sauce. Enjoy the different flavor.
お肉をポン酢、または胡麻だれにつけて召し上がってください。それぞれの味わいをお楽しみください。

Vegetables can be enjoyed in any order. Dip it into the sauce just like the beef.
野菜はいつ入れてもかまいません。肉と同じように、たれをつけて召し上がってください。

If the flame is too high, please adjust it here.
火が強すぎたら、バーナーの火をここ（スイッチ）で弱めてください。

For foam, please use this foam remover.
アクが出たら、この網ですくってください。

Would you care to order more meat or vegetables?
お肉、お野菜の追加注文はいかがですか？

I will put the *udon* noodles into the soup, when you are through eating the beef and the vegetables.
お肉やお野菜を召し上がった後に、うどんをだしに入れます。

5
そば、うどん

　日本そばやうどんにも、興味を持つ外国の方が増えています。周りを見て、見よう見真似で注文して、味わうのも楽しいものですが、お店からひとこと説明を加えることができれば、より深く味わっていただけます。

Soba is a noodle made from buckwheat.
そばは、そば粉から作られた麺です。

Udon is a noodle made from wheat flour.
うどんは小麦粉から作られた麺です。

Our "*Inaka*" soba is one hundred percent buckwheat. Best for enjoying the buckwheat flavor.
うちの「田舎そば」はそば粉100パーセントのおそばです。そばの素朴な香りが楽しめます。

Regular "*soba*" is made from buckwheat and small amount of wheat flour. Enjoy the smooth texture and flavor.
レギュラーの「そば」は、そば粉に少量の小麦粉を加えて作っています。そばの香りと、つるりとしたのど越しが楽しめます。

Our *soba* is handmade, we start by grounding the buckwheat grain and knead it into soba.
うちの店では、店内でそばを製粉し、手打ちで麺を作っています。

Our *udon* is made from one hundred percent Japanese wheat flour.
うちのうどんは、国産小麦100パーセントで作っています。

Soba with cold dipping sauce or *soba* in hot soup?
冷たい汁につけるそばと、温かい汁に入ったそばのどちらがいいですか。

To enjoy natural flavor of *soba*, I recommend *soba* with dipping sauce.
そばの香りを楽しむなら、冷たいそばをおすすめします。

***Mori soba* is *soba* with dipping sauce.**
もりは、そばとつけ汁です。

***Zaru soba* is *nori* seaweed topped *soba* with dipping sauce.**
ざるは、海苔をのせたそばとつけ汁です。

ature*Ten-zaru soba* is *soba* with dipping sauce and *tempura* on the side.
天ざるそばは、そばにつけ汁と天ぷらがついています。

ature*Kamo-seiro soba* is *soba* with dipping sauce of duck meat and green onion.
鴨せいろはつけ汁に鴨肉とネギが入っています。

ature*Tanuki udon* is *udon* in hot soup with crunchy *tempura* bits.
たぬきうどんは温かい汁に天かすが入っています。

Kitsune udon* is *udon* in hot soup with deep-fried *tofu*.
きつねうどんは温かい汁に油揚げが入っています。

---

ature*Soba* in hot soup with *tempura*?
温かい汁と天ぷらのそばですね？

Soba* with cold dipping sauce and *tempura* on the side?
冷たいつけ汁と天ぷらのそばですね？

Slightly dip the *soba* into the sauce.

おそばを軽くつけ汁につけて召しがってください。

If you like, add green onion and *wasabi* to your dipping sauce.

お好みで、ネギとワサビをつけ汁に入れてください。

This is *shichimi*, seven spices. Please try it with hot soup *soba*.

これは七味唐辛子です。温かいおそばに、お好みでかけてください。

This is *soba-yu*, boiling water of *soba*.

そば湯は、そばのゆで汁です。

Pour it into the dipping sauce and drink it like a soup.

そば湯を、残ったつけ汁に注いで、スープのように飲んでください。

It has vitamin, dietary fiber and protein.

そば湯にはビタミン、食物繊維、タンパク質が入っています。

◎その他メニューの説明

鶏南蛮そば   soba in hot soup with chicken and green onion.
鴨南蛮そば   soba in hot soup with duck meat and green onion.
カレー南蛮そば   soba in curry flavored hot soup with pork and vegetables.
にしんそば   soba in hot soup with cooked herring.
月見そば   soba in hot soup with raw egg.
鍋焼きうどん   udon in hot pot with chicken, shrimp and vegetables.
味噌煮込みうどん   udon in hot pot with **miso**, egg and green onion
冷やしたぬきそば   chilled soba with crunchy **tempura** bits.
ぶっかけうどん   udon with strong **dashi** poured over it.

6
ラーメン

ラーメン店のサービスは、スピーディです。慣れた日本人ならその流れにのって、テンポよく注文、食事、会計ができますが、外国人にはそこがむずかしい。お客さまに必要な情報を伝えつつ、お店のスムーズな流れをさえぎらない短いフレーズ、かつ、事務的にならない"感じのよい"言い方例を入れました。

Buy meal ticket at the bending machine.
券売機で食券を買ってください。

If you need assistance, let me know.
手助けが必要でしたら、お声がけください。

We use chicken stock.
うちでは、鶏のだしを使っています。

We use pork bone stock.
うちでは、豚骨だしを使っています。

We use fish stock.
うちでは、魚介だしを使っています。

Our soup base is blended pork bone and fish stock.
うちのスープのベースは豚骨と魚介だしです。

The main ingredients for our soup stock is dried baby sardine and *kombu* kelp.
うちのスープの主な材料はイリコと昆布です。

We're famous for our *miso ramen*.
うちの名物はみそラーメンです。

"Butter-corn *ramen*" is very good!
バターコーンラーメンはおすすめです。

Tsukemen is noodles and dipping soup.
つけ麺は麺とつけ汁が別です。

Dip small amount of noodles into the dipping soup.
少量の麺をつけ汁につけて召し上がってください。

Choose amount of noodles, 200 gram, 250 gram or 300 gram. 250 gram is the normal size.
麺の量を200グラム、250グラム、300グラムからお選びください。250グラムが並サイズです。

Bowl of rice with your *ramen*?
ラーメンにライスをつけますか？

Please help yourself to vinegar, hot pepper and grated garlic.
お好みで酢、唐辛子、おろしニンニクをどうぞ。

Would you like second helping of noodles?
替え玉はいかがですか？

◎メニューの説明

醤油ラーメン　**shoyu ramen**, soy sauce based soup.
塩ラーメン　**shio ramen**, salt based soup.
みそラーメン　**miso ramen**, miso, soy bean paste soup.
豚骨ラーメン　**tonkotsu ramen**, pork bone soup.
豚骨醤油ラーメン　**tonkotsu shoyu ramen**, pork bone soup, flavored with soy sauce.
つけ麺　**ramen** noodle with dipping soup
油そば　**ramen** noodle in flavored oil

◎味のタイプの表現

あっさり　light
普通味　standard

こってり　rich
超こってり　extra rich

◎麺の種類

細麺　thin noodle
太麺　thick noodle

ストレート麺　straight noodle
ちぢれ麺　wrinkled noodle

◎麺のかたさ

かため　firm
普通　standard

やわらかめ　soft

◎トッピング

チャーシュー（焼き豚）　sliced roasted pork
メンマ　cooked bamboo shoots
なると　steamed fish paste
ネギ　green onion
味つけ卵　seasoned boiled egg

煮豚　sliced simmered pork
海苔　**nori**, dried seaweed
コーン　sweet corn
バター　butter
モヤシ　bean sprout

7
とんかつ

「とんかつ」は外国人にとても人気があります。和食で一番好きなのはとんかつ！と話している女性もいました。豚肉がOKであれば誰にとってもおいしく、今後さらに注目されそうな日本食のアイテムです。キャベツのおかわりについて、ソースやからしのつけ方について「このひとことで、さらにおいしくなる」会話例をあげます。

The most popular *tonkatsu* is pork loin cutlet.
一番人気のとんかつはロースかつです。

Pork fillet cutlet is also very good.
ひれかつもおいしいですよ。

We also have a bite-size fillet cutlet.
一口ひれかつもあります。

Pour special sauce on to cutlet and shredded cabbage.
ソースをとんかつとキャベツにかけてください。

Japanese mustard is very good with the cutlet.
和がらしもとんかつに合います。

Try *shichimi*, seven spices with *tonjiru*, pork *miso* soup.
とん汁に七味唐辛子を入れてみてください。

Please ask for second helping of shredded cabbage and rice.
キャベツとご飯のおかわりは、お声がけください。

Would you like more cabbage?
キャベツのおかわりはいかがですか？

8
お好み焼き、もんじゃ焼き

お好み焼き、もんじゃ焼きは「プロセスが楽しい」料理です。初めて食べる外国の方でもいちど体験するとたいていがファンになります。ただ、お店のシステム（注文の仕方、調理の仕方、食べ方など）がわからないと、戸惑いのほうが大きいかもしれません。楽しむには、何らかのナビゲーションが必要です。

ここでひとつアドバイス。お客さまの目の前でお好み焼きを調理するとき、日本語であれば「ソース、マヨネーズ、青のりをかけますか？」と、確認の質問をする場合でも、外国人には質問せずにかけてしまいましょう。もし、聞いてしまうと、「かけるとかけないのではどう違う？」「かけないほうがいいと思うか？」など、質問を呼ぶ可能性がでてきます。それに対して英語で説明ができないと、お客さまは納得できないまま食べることになるかもしれません。「これがイチ押しです！」という気持ちでダイレクトにお出しすればよいのです。

お客さま自身が焼くスタイルなら、英語で書いた「焼き方の説明書」を用意しておくのが確実です。その文例も用意しておきました。

Okonomiyaki is a savory pancake with meat, seafood and vegetables.
お好み焼きは肉、魚介類、野菜などが入った食事用パンケーキです。

Most popular *okonomiyaki* is "*buta-tama*" with pork, eggs and vegetables.
一番人気の「豚玉」には豚肉、卵、野菜が入っています。

Mix *okonomiyaki* is with pork, squid, octopus and vegetables.
ミックスお好み焼きには豚肉、イカ、タコ、野菜が入っています。

Modern-yaki is with pork, eggs, vegetables and noodles.
モダン焼きには豚肉、卵、野菜と麺が入っています。

Omu-yakisoba is fried noodles with pork, squid and vegetables topped with omelet.
オム焼きそばには焼きそば、豚肉、イカ、野菜の上にオムレツがのっています。

Hiroshima style *okonomiyaki* is thin pancake layered with cabbage, pork, noodles and egg.
広島風お好み焼きは、薄い生地にキャベツ、豚肉、麺、卵を重ねて層にしたものです。

***Monjayaki* is thin, crispy and sticky pancake made from wheat flour and water.**
もんじゃ焼きは小麦粉と水でつくる、薄い、パリパリ・ネバネバのパンケーキです。

It's a fun process. I'll show you how.
作るの楽しいですよ。どうするのか、お見せしますね。

Essential ingredients of *monjayaki* are cabbage and Worcester sauce.
もんじゃ焼きに欠かせない材料は、キャベツとウスターソースなんです。

Please use this paper apron.
こちらの紙エプロンをお使いください。

***Monjayaki* is eaten by scraping it off the griddle like this.**
もんじゃ焼きは鉄板から「ハガシ」でこのようにはがして、食べます。

Both *okonomyaki* and *monjayaki* are best eaten piping-hot.
お好み焼きも、もんじゃ焼きも、熱々を食べるのがおいしいですよ。

Enjoy *okonomiyaki* with extra sauce, mayonnaise and *aonori*, powdered seaweed.
お好み焼きにはお好みでもっとソース、マヨネーズ、青のりをかけてください。

◎その他メニューの説明例

Negiyaki is a green onion **okonomiyaki**.
ネギ焼はネギのお好み焼きです。
Mix **yakisoba** is fried noodles with pork, squid and vegetables.
ミックス焼きそばには、豚肉、イカ、野菜が入っています。

「お好み焼きの焼き方」の説明例

All the ingredients for *okonomiyaki* is in this bowl.
材料はすべてボウルの中に入っています。

Mixed the ingredients inside the bowl.
ボウルの中で材料を混ぜてください。

Pour mixer on the griddle and make a round shape.
鉄板の上に生地を流し、丸くして焼いてください。

After few minutes, turn it over with spatula.
数分後、ヘラを使って裏返してください。

When both sides are cooked, spread sauce, mayonnaise and aonori, powdered seaweed.
両側が焼けたら、ソース、マヨネーズをぬり、青のりをかけてください。

Cut it into small pieces with spatula. Eat it while it's hot.
ヘラで小さく切ってください。熱いうちに召し上がってください。

「もんじゃ焼きの焼き方」の説明例

Pour only meat and vegetables on to the griddle. Leave broth in the bowl.

だし汁はボウルに残して、具材だけを鉄板にのせます。

When meat and vegetables are cooked, make a donut like shape on the griddle.

具材を炒めて、リング状の土手（ドーナッツの形）をつくります。

Pour in the broth inside the donut shape.

リングの内側にだし汁を流し入れます。

When broth is bubbling, mix meat and vegetable with the broth.

だし汁がふつふつと煮えてきたら、具材をくずしてだしと混ぜます。

Boil down the mixture until it is bit sticky, add sauce and *katsuobushi* powder to the mixture and spread it thinly on the griddle.

生地にとろみが出てきたら、ソースとカツオ節粉をかけて、薄く広げます。

It's ready to eat when you see the edge getting crispy.

生地のふちがパリパリになってきたら、食べごろです。

Scape it off the griddle with your tiny spatula and eat it while it's piping hot.

「ハガシ」で鉄板からはがしとって、そのまま熱々を食べてください。

ロールプレイで
身につけよう

Chapter 4

リアルサービス英会話・
トレーニングテキスト

Training

サービス用の英語は覚えたけれど、その場になるとなかなか口から出てこない。英語の苦手意識が先に立ち、外国人のお客さまを見ると尻込みしてしまう…。それはあなただけではありません。頭で理解したフレーズが口から自然に出てくるようになるには、そのための「練習」が必要です。この章は、そのためのトレーニングテキストです。練習は、具体的な接客の場面を再現しながら行なうのがもっとも効果的。お客さま役、接遇者役に分かれ、繰り返し場面を演じることで、サービスで必要なフレーズと動作を「身につけて」しまいましょう。

使いこなせるようになる

サービス現場での現実的な英語

　リアルなサービスの現場では、お客さまと会話する時間は限られています。ミニマムなコミュニケーションでも、気持ちのよい接遇は可能です。このテキストでは、少ない単語数によるシンプルなフレーズ（＆失礼にならないフレーズ）を選んでいます。そのかわり笑顔で、お客さまに楽しんでいただきたいという気持ちを表情やしぐさで伝えます。

会話練習ではなく、接遇の練習

　いちばん効果的な練習は、①数人で、実際に接遇する場所（店舗入口、テーブル、キャッシャーなど）で練習すること。②ことばと身体の動きを一緒におぼえること。たんなる会話の練習ではなく、接遇の場面であると意識して練習することです。「カジュアルでシンプルな会話」が、「ぶっきらぼうで失礼な会話」にならないためには、笑顔、アイコンタクト、そして動作が大切です。テキストの各フレーズに注意点を付記しているので、これを守って練習してください。

最初の一歩は、「大きな声で、ゆっくりと」

　英語が苦手と思う人は、無意識に早く会話を終わらせようとして早口になります。自信がないと声が小さくなる。こうなると、お客さまの耳には途切れ途切れの会話しか届きません。そこで What? と問い返されると、「あぁ、やっぱり自分の英語は理解されないんだ…」とますます自信をなくす…よくある悪循環です。まずは、相手に届く大きな声を出すこと。練習中に大きく声を出すことを心がけてください。早口にならないよう、ゆっくりと話す練習をします。

「怖くて外国人の目が見られない」？

　英語の接遇でいちばん大切なことは、アイコンタクトを取る（相手の目を見る）ことです。慣れないうちは、ためらいや恥ずかしさがあるかもしれませんが、アイコンタクトをはずすことはとても失礼です。コミュニケーションの基本なので、頑張って（意識して）お客さまの目を見て接遇をする練習をしましょう。

ロールプレイの練習方法

練習計画をたてる

- 漫然と練習するよりも、仲間同士で計画を立て、日時を決めて行なうことが効果的。
- 1度の練習は30分〜45分。時間が取れなければ20分でも効果あり。

練習日	練習時間	練習場所	練習者名	練習内容	実施者名
○月○日（月）	15:00〜15:30	店内	鈴木、佐藤、山田	シンプル篇	○○○○
○月○日（水）	15:00〜15:30	店内	山田、渡辺、田中	シンプル篇	○○○○
○月○日（金）	15:00〜15:30	店内	田中、中山、三浦	シンプル篇	○○○○

役を交代しながら進める

- 3人以上で練習する場合：接遇者役／お客さま役／指導役
- 2人で練習する場合：接遇者役／お客さま役＋指導役
- 「指導役」はテキストの解説をチェックしながら、問題点を指摘する役。お客さま役は、なるべくテキストから顔を上げ（アイコンタクトがとりやすいよう）、練習相手になる。

リアルな場所で練習する

- 座ったままでの練習では会話のタイミングがつかめず、実践に結びつかない。
- 実際に入口に立ってお客さまを出迎え、先導してテーブルに案内し、メニューを手渡し、皿やグラスを提供…まで、それぞれその「現場」を使って、動きをつけながら練習する。
- 自宅等でひとりで練習する場合も、入口やテーブルを想定し、動作をつけながら。できれば家族や友人に練習相手になってもらい、アイコンタクトを取りながらの会話を。

練習の達成目標

- プログラムは、場面ごとにパートにわかれている。いちどにやってしまうのではなく、パートごとにていねいに練習し、前に進む。
- 「英文を覚え、流れとおりに話せる」まででは不充分。最終的にはテキストなしに「動き、表情、アイコンタクト」ができ、タイミングよく会話ができるようになることが目標。
- 最初はテキストを持って、次はテキストを離して、と一歩一歩進めていく。

シンプル篇
── 基本の流れ ──

これだけ覚えれば何とかなる！　簡単フレーズ＋「おもてなし」の気持ちの表現

　とくにフォーマルなサービスを問われるお店でなければ、接遇の英会話をそれほどややこしく考える必要はありません。必要最低限のコミュニケーションが成立すれば、お客さまにとってもお店にとっても幸いなことで「おいしく食べていただきたい」、「楽しんでいただきたい」というおもてなしの気持ちに勝るものはありません。「とりあえず、これだけ言えたら何とかなる！」シンプルな言い方を習得しましょう。

［入口でのあいさつ］

　まずは入口でのお出迎え。言葉や表情に、心からの「いらっしゃいませ」を表現してください。笑顔とアイコンタクトを忘れずに。

接遇者　**Hello.**
　　　　こんにちは。

お客さま　**Hi.**
　　　　ハーイ。

［人数の確認］

　質問がお客さまの耳に届くようにはっきりと大きな声で。

接遇者　**How many?**
　　　　何名ですか？

お客さま　**Two.**
　　　　二人です。

［席の選択］

それぞれの席を手で示すと、さらにわかりやすい。

接遇者	**Table or counter?**
	テーブルとカウンター、どちらに？
お客さま	**Counter, please.**
	カウンターでお願いします。

［席への案内］

席を手で示しながら。お客さまがレディファーストで女性を先に歩かせている場合には、奥の席（上席）を女性に示して案内する。

接遇者	**This way, please.**
	こちらへどうぞ。
お客さま	**Thank you.**
	ありがとう。

［メニューを渡す］

メニューにテーブルがある場合は、手で示しながら。「これが、お客さまのメニュー」であることを、yourということばで強調します。

Yourを使うことで接遇する者とお客さまの距離が近づきます。同時に、このテーブル、このメニュー、ひいてはこの時間が「お客さまもの」であることを伝えています。"This is menu"ではなく"Your menu"であることが大切なのです。

接遇者	**Your menu.**
	お客さまのメニューです。
お客さま	**Thanks.**
	どうも。

[飲料の注文を聞く]

必ず聞くものだから、というルーティンの意識ではなく、「まずはお飲みものでもいかがですか？」という、気持ちを込め、笑顔で。

接遇者　**Something to drink?**
何かお飲みものはいかがですか？

お客さま　**Yes, beer and chilled *sake*.**
じゃあ、ビールと冷酒で。
＊お客さま役の人は、注文の内容をいろいろと変えて注文してください。

[飲料の注文の復唱]

注文のミスを防ぐためにも、ゆっくりと復唱します。無言でその場を離れないこと。「すぐにもどります」と伝えることで安心して待っていただけます。焦らず、アイコンタクトを忘れずに。

接遇者　**Beer and chilled *sake*.**
ビールと冷酒ですね。

I'll be right back with your drink.
すぐにお飲みものをお持ちします。

[飲料の提供]

「お客さまのご注文の〜です」という気持ちで、Yourを強調しながら、商品名をはっきりと言います。お客さまが想像しているものとは見た目が違うことも考えられるので、注文を間違えていないことを明確にするためにも、ゆっくり、はっきりと。

接遇者　**Your beer and chilled *sake*.**
(lemon sour, *sake*, oolong tea, coke, etc...)
お客さまのビールと冷酒です。

お客さま　**Thank you.**
ありがとう。

[料理の注文を聞く]

アイコンタクトを取りながら、笑顔で。いかにも「事務的に注文を聞いてます」というような早口で無表情な感じにならないように。

接遇者	**Ready to order?**
	ご注文はお決まりですか？
お客さま	**Yes. We'll have assorted *sushi*, vegetable *tempura* and tomato salad.**
	はい。すしの盛り合わせ、野菜の天ぷら、トマトのサラダでお願いします。
	＊お客さま役の人は、注文の内容をいろいろと変えて注文してください。
接遇者	**Assorted *sushi*, vegetable *tempura* and tomato salad.**
	おすしの盛り合わせ、野菜の天ぷら、トマトのサラダですね。
	Anything else?
	他にご注文はありませんか？
	I'll be back with your meal.
	お食事をお持ちします。

[料理の提供]

ひとつひとつ「お客さまのご注文の〜です」という気持ちで、Yourを強調しながら、商品名をはっきりと言います。私たちにとって聞きなれた商品名は早口で言ってしまいがちなので、お客さまの耳に届くよう、はっきりと発音します。

接遇者	**Your assorted *sushi*, vegetable *tempura* and tomato salad.**
	お客さまのおすしの盛り合わせ、野菜の天ぷら、トマトのサラダです。
お客さま	**Thanks.**
	どうも。

［追加注文を聞く］

具体的な追加注文をたずねるだけでなく、暗に「お客さまがご満足いただいているのか気にしています」ということを伝えるフレーズです。「いかがですか？」という気持ちを表情に出しながら聞きます。

接遇者　**Would you like anything else?**
他にご注文はいかがですか？

お客さま　**No, we're fine.**
今は大丈夫です。

［おかわり］

よいタイミングでおかわりを聞いてもらうことは、お客さまにとってうれしいサービスです。気持ちよい笑顔で、アイコンタクトをとりながら聞きます。同じ「おかわり」でもグラスやピッチャーのように特定な容器に入る飲料の場合は、グラスなどの容器を単位として表現し、それ以外は飲料自体（お酒など）を単位として聞く、その違いを練習してください。

接遇者　**Another glass?**
おかわりはいかがですか？

接遇者　**Another glass of beer?**
　　　　(bottle of beer, glass of wine, etc...)
おかわりのビールはいかがですか？

接遇者　**More *sake*?**
　　　　(grapefruit sour, orange juice, etc...)
お酒のおかわりはいかがですか？

お客さま　**Yes, please.**
お願いします。

［皿、グラス等を下げる］

黙ってテーブルの上のお皿やグラスなどを下げることはとても失礼なこと。必ず声をかけてから下げます。

接遇者	**May I take the plate/glass?**
	グラス（お皿）をお下げしていいですか？

お客さま	**Yes.**
	はい。

［会計］

手渡された現金の金額（1000円札だったのか、10000円札だったのか）は、必ず口に出して確認。外国人にとって「円」は見慣れない紙幣です。勘違いからトラブルが生じるリスクがつねにあることを念頭において。

◎伝票を渡して

接遇者	**Cash or credit card?**
	現金ですか、クレジットカードですか？

お客さま	**Cash.**
	現金で。

お客さま	**Credit card.**
	クレジットカードで。

◎現金を預かる

接遇者	**From 10,000 (ten-thousand) yen.**
	10,000円をお預かりいたします。

◎おつりを渡す

接遇者	**Your change, 4,200 (four-thousand two hundred) yen.**
	お客さまのおつりです。

お客さま	**Thank you.**
	ありがとう。

◎クレジットカードの端末を渡す

| 接遇者 | **Your ID number, please.** |

暗証番号をお願いいたします。

| お客さま | **OK.** |

オッケー。

◎クレジットカードを受け取り、サインをもらう

| 接遇者 | **Please sign here.** |

こちらへサインをお願いします。

◎クレジットカードと控えのレシートを渡す

　クレジットカードを確実に返却したと印象づけなければなりません。無言での返却は論外で、thank youだけでもなく、必ず「お客さまのクレジットカードです」と声に出しながら渡します。トラブルを避けるためにも、スタッフ全員が言えるように練習してください。

| 接遇者 | **Your card and receipt.** |

お客さまのクレジットカードとレシートです。

| お客さま | **Thanks.** |

どうも。

［見送り］

出迎え時同様、お客さまとアイコンタクトを取り、笑顔で感謝の気持ちを伝える。

接遇者	**Thank you. Good bye.**
	ありがとうございます。さようなら。

お客さま	**Bye-bye.**
	バイバイ。

◎会話から、ご帰国が近いとわかった場合

接遇者	**Have a safe trip home.**
	（お国まで）お気をつけてお帰りください。

◎「明日から京都に旅行」などとわかった場合

接遇者	**Have fun in Kyoto!**
	京都での時間を楽しんでください！

接遇者	**Enjoy Kyoto!**
	京都を楽しんでください！

フォーマル篇
─── 基本の流れ＋ ───

あらたまった対応が望まれるお店での、スマートな会話と動作

　単語を省略したり、ラフに言い換えることなく、ここにあるフレーズをそのまま覚え、使いこなせるように練習してください。フォーマルなサービスの場面では、最大限の接遇の気持ちを会話にこめます。単語ひとつひとつがお客さまに届くよう、ゆっくりと会話することを心がけて練習します。

［あいさつ］

　男性の呼びかけにはSirサー、女性の呼びかけには、Madamマダムを使います。Ma'amマムはMadamの省略系です。米国では使いますが、英国を含めたヨーロッパでは、女性に敬意を示す呼び方としてはmadamが適切です。ここではmadamで練習をします。
　Good morning, Good afternoon, Good eveningには「よい朝を、よい午後を、良い夜を、お過ごしください」という意味があります。決まり文句のあいさつとしてではなく、その意味を込めて伝えます。

接遇者　**Good morning, sir.**（男性に）
　　　　Good morning, madam.（女性に）
　　　　おはようございます。

接遇者　**Good afternoon, sir.**（男性に）
　　　　Good afternoon, madam.（女性に）
　　　　こんにちは。

接遇者　**Good evening, sir.**（男性に）
　　　　Good evening, madam.（女性に）
　　　　こんばんは。

お客さま　**Good morning/Good afternoon/Good evening.**
　　　　おはよう／こんにちは／こんばんは。

[予約の確認]

予約の有無をたずねる際は、相手を主語にしたDo you have reservation?という表現よりも、「私どもで予約をいただいていますか」という姿勢の以下の言い方のほうがスマートです。

接遇者	**Do we have your reservation?**
	ご予約をいただいておりますでしょうか?

お客さま	**Yes.**
	はい。

接遇者	**May we have your name, sir/madam?**
	お名前をいただけますか?

お客さま	**My name is John Smith.**
	名前はジョン スミスです。

◎予約がない場合

接遇者	**How many people in your party, sir/madam?**
	何名さまでいらっしゃいますか?

お客さま	**Two people.**
	2名です。

[席への案内]

ことばをかける前にまずアイコンタクト、そして、行く方向を手で示してから歩き出す。女性と男性の場合はレディファーストで。女性が歩きやすいように気を配りながらご案内します。

接遇者	**I'll show you to your table. This way, please.**
	お席へご案内いたします。こちらです。

[メニューを渡す]

女性からお渡しする。「本日のおすすめ」がある場合は、必ずここで提案を。

接遇者	**Your menu. Today's special is ○○.**
	こちらがお客さまのメニューです。本日のおすすめは○○でございます。

［飲料の注文を聞く］

楽しい食事のスタートとなる大切な場面です。お客さまが気持ちよく注文できるよう、ひとりひとりにアイコンタクトをとりながら、"Would you care for something to drink?" と語尾を上げ、明るい笑顔でうかがいます。

接遇者　**Would you care for something to drink?**
何かお飲みものをお持ちいたしましょうか。

接遇者　**Would you care for champagne or cocktail?**
シャンパンかカクテルをお持ちいたしましょうか。

接遇者　**Here is your wine list.**
こちらがワインリストです。

接遇者　**We have very good selection of wine by a glass.**
おいしいグラスワインのご用意があります。

お客さま　**Martini and mimosa.**
マティーニとミモサで。

接遇者　**I'll be right back with your drinks.**
すぐにお飲みものをお持ちいたします。

［飲料の提供］

名称を告げながら提供します。お客さまが想像していたものと異なる場合もあるので（飲みなれたグラスと違う、ガーニッシュのライムやオリーブのつけ方が違うなど）、はっきりと伝えます。女性からサーブします。

接遇者　**Here's your mimosa.**
お客さまのミモザでございます。

お客さま　**Thank you.**
ありがとう。

接遇者　**Your martini.**
お客さまのマティーニです。

お客さま　**Thanks.**
ありがとう。

［料理の注文を聞く］

料理の注文を受けたら、「とてもよいチョイスです」と、ひとこと添えます。お客さまとしてはよりポジティブな気分で、食事への期待感がさらに高まる心理状態になります。

接遇者　　**May I take your order?**
　　　　　よろしければ、ご注文をうかがいます。

お客さま　**Yes, please. We'll have the *tempura Matsu* course, *unagi Ume* course and grilled *ayu*.**
　　　　　天ぷらの松コース、うなぎの梅コースと鮎の塩焼きにします。

接遇者　　**Excellent choice, sir/madam.**
　　　　　すばらしいチョイスです。

　　　　　***Tempura Matsu* course, *unagi Ume* course and grilled *ayu*.**
　　　　　天ぷらの松コース、うなぎの梅コースと鮎の塩焼きでございますね。

［料理の提供］

複数のお客さまが、めいめい別のものを注文された場合は、1品ずつ「これはお客さまの〜」「これは、こちらのお客さまの〜」と、お一人ごとに語りかけながら提供します。

接遇者　　**Your grilled *ayu*.**
　　　　　お客さまの鮎の塩焼きです。

　　　　　Your *tempura Matsu* course.
　　　　　こちらが天ぷら御膳です。

　　　　　Your *unagi Ume* course.
　　　　　こちらがうなぎ御膳です。

お客さま　**Thank you.**
　　　　　ありがとう。

［追加注文を聞く］

「お客さまが楽しんでいらっしゃるかどうか、いつも気にかけています」という気持ちを伝える大切なフレーズ。

接遇者　**Would you care for anything else?**
　　　　何か他にお持ちいたしましょうか？

お客さま　**We're fine.**
　　　　今はまだ大丈夫です。

［おかわりを聞く］

海外のレストランでは、グラスの飲みものが残り3分の1になったときに「おかわりは？」を聞く心配りをしています。それに慣れているお客さまたちです。早めにうかがいましょう。

接遇者　**Would you care for another glass of ○○ ?**
　　　　よろしければ、○○をもう1杯いかがでしょうか？

お客さま　**Yes, please.**
　　　　お願いします。

［お声がけ］

食事をご満足いただいているか、何か足りないものはないかを確認するために、お声がけをします。お話し中の場合には、タイミングをよく見て、さりげなく。

接遇者　**Is everything all right?**
　　　　お食事はいかがでございますか？

お客さま　**Everything is great.**
　　　　満足しています。

［デザートと食後の飲みもの］

あらためて注文をうかがう場面です。もうひとつの楽しいクライマックスをどうぞ、という気持ちで、笑顔でおすすめします。

接遇者	**Would you care for dessert?**
	よろしければ、デザートはいかがでしょうか？

We have ○○ and ○○ today.
本日のデザートは、○○と○○がございます。

接遇者	**Would you like coffee or tea?**
	食後のコーヒーもしくは紅茶はいかがですか？

お客さま	**Sure, ○○ and tea.**
	○○と紅茶を。

接遇者	**Would you prefer milk or lemon with your tea?**
	紅茶にはミルクまたはレモンをおつけしますか？

［皿、グラス等を下げる］

無言でお客さまのお皿やグラスに触れてはいけません。とても失礼なことです。"お客さまの空間"への配慮をもって、タイミングをみてさりげなくお声がけします。

接遇者	**May I take your plate/glass?**
	お皿（グラス）をお下げしてよろしいでしょうか。

［会計］

会計時の会話は、とにかく「確認」です。預かった金額、つり銭、クレジットカードを返却した…あとでトラブルにならないためには、ことばに出しての確認が重要です。

◎伝票を渡す

接遇者　**How would you like to settle your bill?**
お支払はどのようになさいますか？

お客さま　**Credit card.**
クレジットカードで。

◎クレジットカードの伝票を渡す

接遇者　**May I have your signature?**
こちらへサインをお願いいたします。

◎クレジットカードの端末を渡す

接遇者　**Your ID number, please.**
暗証番号をお願いいたします。

Here is your card and receipt.
お客さまのカードとレシートでございます。

［見送り］

「グッドバイ」だけではなく「またお目にかかれることを楽しみにしています」と、最後まで心をこめた会話で。

接遇者　**Thank you for coming.**
お越しくださり、ありがとうございます。

We look forward to seeing you again.
またお目にかかれますことを楽しみにしております。

お客さま　**Thank you. Good bye.**
ありがとう。グッドバイ。

接遇者　**Good bye.**
グッドバイ。

お客さまとのスモール・トーク篇
── プラスアルファの会話 ──

食事の時間を盛り上げる、ちょっとした雑談、会話

　お客さまとコミュニケーションを取るための会話例です。長く話す必要はありません。よくある質問や感想に対して、ひとこと感じよく答えることができると、それもお客さまの満足度につながります。同じ項目に複数ある場合はまずは「シンプルな言い方」で、そして必要に応じて「少していねいな言い方」で練習してください。

［料理の感想に対して］

「おいしかった！」と言ってもらえたときは、笑顔とともにことばでお礼を。

お客さま　**This *tofu* is really delicious!**
　　　　　この豆腐は本当においしい！

接遇者　**Thank you.**
　　　　ありがとうございます。

接遇者　**I'm happy to hear you liked it.**
　　　　お気に召していただいて、うれしいです。

接遇者　**I'm glad you like it.**
　　　　気に入っていただけて、うれしいです。

［旅行に関する話題］

　旅は人の気持ちをワクワクさせます。こちらからの「楽しんでいますか？」というひとことで、日本を楽しむ気分をいっそう高めていただきましょう。

接遇者　**First trip to Japan?**
　　　　日本へは初めてですか？

接遇者　**Is this your first trip to Japan?**
　　　　日本へは初めていらっしゃったのですか？

お客さま	**It's our first time in Japan.** 初めてです。

接遇者	**Enjoying your trip?** ご旅行を楽しんでいますか？
接遇者	**Are you enjoying your trip?** ご旅行を楽しんでいらっしゃいますか？
お客さま	**Yes, very much. We're going to Kyoto tomorrow.** とても楽しんでいます。明日から京都に行きます。

接遇者	**Enjoy Kyoto.** 京都で楽しんでください。
接遇者	**Kyoto is beautiful. You'll enjoy your time.** 京都は美しいところです。楽しい時間になりますよ。
お客さま	**Really? We're looking forward to it.** 本当？　楽しみにしています。

［天気に関する話題］

　天気に関する話題は、コミュニケーションの基本です。お客さまから天気のことを聞かれたら、「会話しようよ」のサインかもしれません。天気の話をしたら、「日本ははじめてですか？」など旅行の会話につなげてみましょう。

接遇者	**It's so hot today.** 今日は暑いね。
お客さま	**It's certainly is.** 本当に。

お客さま	**It's so cold!**
	寒いね！
接遇者	**Yes, it's very cold today.**
	はい。今日はとても寒いですね。

お客さま	**Is it going to rain tomorrow?**
	明日は雨かな？
接遇者	**Yes, it will rain tomorrow.**
	はい、明日は雨のようです。
接遇者	**Weather forecast is 50% rain in Tokyo.**
	天気予報によると、東京は雨の確率50％です。

お客さま	**Is it still raining?**
	まだ雨は降っているかな？
接遇者	**The rain has stopped.**
	雨はやんでいます。
接遇者	**Yes, it's still raining.**
	はい。まだ降っています。
接遇者	**It's raining pretty hard.**
	今、ひどく降っています。

接遇者	**It may sonw in Kyoto tomorrow.**
	明日の京都は雪のようです。
お客さま	**Does it snow in Kyoto?**
	京都でも雪が降るの？
接遇者	**Yes. It is beautiful.**
	はい。美しいです。

［宗教について］

宗教に関して深い会話をすることはむずかしいので、お客さまが疑問に思って質問されたことには、さらっと答えましょう。またお客さまの宗教については、（身に着けているものが気になっても）聞いてはいけません。

お客さま　**What's that?**
（神棚を指して）あれは何？

接遇者　***Kamidana*, a household Shinto shrine.**
神棚です。家の中に祭る神道の神様です。

お客さま　**What's that?**
（お札を指して）あれは何？

接遇者　***Ofuda*, Shinto amulet to protect the house.**
お札です。家を守るものです。

お客さま　**What's that?**
（熊手を指して）あれは何？

接遇者　***Kumade*, it is lucky charm to rake in fortune.**
熊手です。家に幸運をかき入れます。

［文化に関する話題］

旅行中のお客さまには日本の街中で見つけた「？」がたくさんあります。自分に知識がないことを聞かれた場合は、"One moment, please 少々おまちください"とことわってから、同僚や上司に聞くなどして、整った文章にならなくとも、できるかぎり答えてあげましょう。

お客さま **What are those big fish on the flagpoles?**
旗竿についている大きな魚は何ですか？

接遇者 **It's called *koinobori*, a carp streamer.**
鯉のぼりです。

It's for celebrating the Children's Day.
子供の日を祝うためのものです。

お客さま **I saw many cute Japanese dolls today.**
今日かわいい日本の人形をたくさん見ました。

接遇者 ***Hina-ningyo* is for celebrating the Girl's day.**
雛人形は女の子の日を祝うものです。

お客さま **I saw many people wearing *kimono* at the festival.**
お祭りで着物を着ている人をたくさん見たわ。

接遇者 **That is *yukata*, summer *kimono*.**
それは浴衣という夏の着物です。

お客さま **Where can I buy them?**
それはどこで買えるかしら？

接遇者 **At the department store.**
デパートにあります。

お品書きに
そのまま使える

和食のメニュー
品目英訳集

Glossary

［つまみ、珍味］

板わさ	fish cake with *wasabi*
いぶりがっこ	smoked *daikon* pickles
枝豆	*edamame*
おから	soybean curd simmered with vegetables
からし蓮根	lotus root stuffed with Japanese mustard
ぎんなん揚げ	deep-fried ginkgo nuts
しらす大根	baby sardine with grated *daikon* radish
そら豆	boiled fava bean
たたみいわし	lightly grilled sheet of dried baby sardine
豆腐の味噌漬け	*tofu* cured in *miso*
つぶ貝	boiled spiral shellfish
ふきのとう味噌	flower bud of *fuki* mixed in *miso*
もろきゅう	cucumber with *moromi-miso*
干しするめ	lightly grilled sheet of dried squid
骨せんべい	deep-fried crispy fish bones
鮎のうるか	a delicacy: salted sweetfish gut
いかの塩辛	a delicacy: salted squid gut
いくらの醤油漬け	soy marinated salmon roe
かきの燻製	smoked oyster
かつお酒盗	a delicacy: salted bonito gut
からすみ	botargo (dried mullet roe)
鯨ベーコン	smoked whale meat
このわた	a delicacy: salted entrails of sea cucumber
ふなずし	fermented crucian carp
珍味盛り合わせ	assorted delicacies
自家製さつま揚げ	homemade deep-fried fish paste
ちくわの磯辺揚げ	deep-fried fish cake with *nori* seaweed

［酢の物］

うざく	vinegared, grilled eel and cucumber
かに酢	vinegared crab meat
季節の酢のもの	vinegared seasonal produce
もずく酢	vinegared *mozuku* seaweed
山芋とおくらの三杯酢	vinegared Japanese yam and okra

[魚介の冷菜]

あじのたたき	chopped horse mackerel with Japanese herb
あじのなめろう	chopped horse mackerel with *miso* and Japansese herb
鮎の昆布巻き	sweetfish rolled in *kombu* kelp
あんきも	steamed monkfish liver
いかそうめん	thinly sliced fresh squid
いか納豆	fresh squid and *natto*, fermented soybeans
いかの木の芽味噌あえ	fresh squid with Japanese pepper leaf *miso*
いわしの南蛮漬け	deep-fried sardine marinated in spicy vinegar
うなぎの八幡巻き	grilled eel stuffed with burdock
貝とわけぎのぬた	shellfish and green onion with vinegar, *miso* dressing
生ガキ	fresh oyster
かきのみぞれ和え	fresh oyster with grated *daikon* radish
かつおのたたき	seared fresh bonito
かわはぎの肝あえ	fresh filefish with liver sauce
しめ鯖	vinegared mackerel
たら白子ポン酢	cod soft roe with *ponzu* vinegar sauce
すっぽんの煮凝り	congealed broth of soft-shelled turtle
はもの落とし	blanched pike conger
ほたるいかの酢味噌あえ	firefly squid with vinegar-*miso*
づけマグロ	fresh tuna marinated in soy sauce
マグロのアヴォカドあえ	fresh tuna and avocado
マグロ山かけ	fresh tuna with grated Japanese yam
刺身盛り合わせ	assorted *sashimi*
おこぜの薄造り	scorpion fish *sashimi*
かわはぎ薄造り	thinly sliced fresh filefish
鯛の活け造り	lifelike presentation of fresh sea bream
ひらめの昆布締め	flatfish flavored with *kombu* kelp
ふぐ刺し・てっさ	pufferfish *sashimi*
鯛のカルパッチョ	fresh sea bream carpaccio

[魚介の温菜]

あさりの酒蒸し	Japanese littleneck clam steamed with *sake*
あなごの柳川仕立て	simmered conger eel with egg and burdock
いかげそ焼き	grilled squid legs
いかと里芋煮	simmered squid and taro

うにの殻焼き	grilled sea urchin
えびしんじょう	steamed shrimp dumpling
かにコロッケ	crab croquette
かにの甲羅揚げ	deep-fried stuffed crab
かに焼き	grilled crab
かぶら蒸し	steamed fish and grated turnip
川えびのから揚げ	deep-fried freshwater shrimp
ぐじの酒蒸し	salted tilefish steamed in *sake*
さざえのつぼ焼き	grilled turban shell
焼き白子（たら）	grilled soft roe of cod
白魚の卵とじ	icefish simmered with egg
ずわいがにのグラタン	snow crab gratin
たこのから揚げ	deep-fried octopus
たこのやわらか煮	simmered tender octopus
たらこの旨煮	braised cod roe
焼きはまぐり	grilled *hamaguri* clam
鱧と松茸の煮物椀	*Wan*: pike conger and *matsutake* mushroom in *dashi* soup
帆立の磯辺焼き	scallop grilled with *nori* seaweed
あじの開き	grilled sun-dried horse mackerel
あゆの塩焼き	salt-grilled sweetfish
さんまの塩焼き	salt-grilled pacific saury
うなぎの蒲焼き	grilled eel with soy based sauce
うなぎの白焼き	grilled eel
きんきの一夜干し焼き	grilled sun-dried rockfish
鮭のはらす焼き	grilled salmon belly
子持ちししゃも	grilled *shishamo* smelt and roe
目刺し	grilled dried sardine
あこう鯛の柚庵焼き	grilled red rockfish marinated in soy and *yuzu* citrus sauce
銀だらの西京焼き	grilled sablefish marinated in *Saikyo-miso*
さばのみりん干し	grilled sun-dried mackerel seasoned with sweet *sake*
ぶりの照り焼き	grilled *teriyaki* flavored yellowtail
いわしの梅煮	sardine simmered with pickled plum
さばの味噌煮	*miso*-simmered mackerel
かれいの煮付け	simmered flounder
鯛のかぶと煮	simmered head of sea bream
ぶりのあら炊き	simmered yellowtail
ぶり大根	simmered yellowtail and *daikon* radish

［天ぷら］

天ぷら盛り合わせ	assorted *tempura*
活け車えびの天ぷら	fresh prawn *tempura*
わかさぎの天ぷら	pond smelt *tempura*
桜海老と野菜のかき揚げ	*kakiage*, mix vegetable and sakura shrimp *tempura*
山菜の天ぷら	wild vegetable *tempura*

［野菜料理］

青菜の浸し	green vegetable in *dashi*
うどの酢味噌あえ	*udo* (vegetable) with vinegared-*miso*
さやいんげんの胡麻あえ	green beans with sesame sauce
新しょうがの甘酢漬け	young ginger marinated in sweet vinegar
大根ナムル	*daikon* radish seasoned with salt and sesame oil
菜の花の白あえ	field mustard with *tofu* based sauce
ふきの煮浸し	butterbur in *dashi*
野菜のきんぴら	"*kinpira*" root vegetables fried in sesame oil
冷やしとろろ汁	chilled soup of grated Japanese yam
筍のすり流し	chilled soup of bamboo shoot
煮かぼちゃのそぼろあんかけ	simmered pumpkim with *dashi* and minced chicken sauce
キャベツとちりめんじゃこの炒め	stir-fried spring cabbage and dried baby sardine
ゴーヤチャンプルー	bitter gourd sir-fried with pork, *tofu* and egg
じゃがいものコロッケ	potato croquette
じゃがばた	steamed potato with butter
焼きなす	grilled eggplant with ginger
なす田楽	grilled eggplant with sweet *miso*
なすの揚げ浸し	deep-fried eggplant in *dashi*
れんこんの挟み揚げ	deep-fried stuffed lotus root
若竹煮	bamboo shoot and *wakame* seaweed simmered in *dashi*
夏野菜の炊き合わせ	summer vegetables simmered in *dashi*
百合根まんじゅう	steamed ball of mushed lily root and vegetables
松茸の土瓶蒸し	*matsutake* mushroom steamed in tea pot
おでん	vegetables and fish dumplings stewed in *dashi*
ふろふき大根	simmered *daikon* radish
こんにゃくのピリ辛煮	simmered yam cake in spicy sauce

［豆腐、卵料理］

揚げだし豆腐	deep-fried *tofu* simmered in *dashi*
厚揚げしょうが	grilled *atsuage* (deep-fried *tofu*) with grated ginger
汲み上げゆば	fresh *yuba*, soymilk skin
高野豆腐	freeze-dried *tofu* simmered in *dashi*
ごま豆腐	sesame "*tofu*"
豆腐田楽	grilled *tofu* with *miso*
豆腐ハンバーグ	pan-fried *tofu* and minced meat patty
冷奴	chilled *tofu*
ひろうす	deep-fried *tofu* ball simmered in *dashi*
温泉卵	soft-boiled egg
関東風卵焼き	Kanto style rolled omelet
だし巻き卵	"*dashi-maki*" rolled omelet
茶碗蒸し	"*chawan-mushi*" egg and *dashi* steamed in bowl

［肉料理］

馬刺し	"*basashi*" horse meat *sashimi*
鴨ロース	sliced duck roast
鴨の治部煮	duck meat stewed in soy and *dashi* soup
がめ煮、筑前煮	simmered chicken and root vegetables
鶏ささみのたたき	lightly boiled white meat of chicken
鶏のから揚げ	deep-fried chicken
焼きとり・つくね	*yakitori*: minced chicken ball on skewer
焼きとり・ねぎま	*yakitori*: chicken and green onion on skewer
なんこつの唐揚げ	deep-fried soft chicken bone (gristle)
串かつ	breaded deep-fried pork on skewer
とんかつ	pork cutlet
ひれかつ	pork fillet cutlet
かつ煮	pork cutlet simmered with egg
沢煮椀	*Wan*: pork strips and vegetables in *dashi* soup
冷やし豚しゃぶ	chilled pork, *shabu-shabu* style
豚とろのあぶり焼き	barbecued pork
豚の角煮	simmered sweet and tender pork
肉じゃが	simmered meat and potatoes
肉豆腐	simmered meat and *tofu*
牛すじの煮込み	stewed beef tendon

牛タンの煮込み	stewed beef tongue
もつ煮込み	stewed giblets with green onion
揚げ餃子	deep-fried dumpling
餃子	minced meat and vegetable dumpling
手羽先餃子	stuffed chicken wings
手作りしゅうまい	homemade steamed dumpling
春巻き	spring roll

[サラダ]

温野菜のサラダ	steamed vegetable salad
海鮮サラダ	seafood salad
海藻サラダ	seaweed salad
季節のサラダ	seasonal salad
たらもサラダ	potato and cod roe salad
豆腐サラダ	*tofu* salad
ポテトサラダ	potato salad
マカロニサラダ	macaroni salad

[鍋物]

あんこう鍋	anglerfish and vegetable hot pot
いわしのつみれ鍋	minced sardine ball and vegetable hot pot
うどんすき	*udon*, seafood and vegetables hot pot
かきの土手鍋	oyster and *miso* hot pot
きりたんぽ鍋	*kiritanpo* rice cake, chicken and vegetable hot pot
すっぽん鍋	soft-shelled turtle and vegetable hot pot
たらちり	cod and vegetable hot pot
のっぺい汁	root vegetable soup
ふぐ鍋・てっちり	pufferfish and vegetable hot pot
水炊き	chicken and vegetable hot pot
湯豆腐	*tofu* hot pot
寄せ鍋	chicken, seafood and vegetable hot pot

[食事]

梅茶漬け	rice with plum pickles and tea poured over it
鯛のだし茶漬け	rice with sea bream and *dashi* poured over it
焼きおにぎり	roasted rice ball
じゃこご飯	rice topped with dried baby sardine
鶏そぼろご飯	rice topped with minced chicken
卵かけご飯	steamed rice and raw egg with soy sauce
かやくご飯	rice cooked in *dashi* with root vegetables
たけのこご飯	rice steamed with bamboo shoot
とり釜飯	rice and chicken steamed in small pot
鯛めし	rice steamed with whole sea bream
卵ぞうすい	congee with egg
七草粥	congee with spring herbs
栗おこわ	chestnut sticky rice
にゅうめん	thin noodles in soup
冷麦	*hiyamugi*, chilled thin noodle with dipping sauce
麦とろ	rice and barley with grated Japanese yam
冷や汁	*hiyajiru*, chilled soup with *miso*, sesame, dried fish and Japanese herb
雑煮	rice cake and vegetables in *dashi* soup
豆腐とじゅんさいの吸い物	*tofu* and water-shield in *dashi* soup
味噌汁	*miso* soup
しじみ汁	freshwater clam *miso* soup
赤だし	red-*miso* soup
肝吸い	clear soup with eel liver
香の物	assorted pickled vegetables
自家製なすの糠漬け	homemade eggplant pickles

[弁当、ご飯もの]

幕の内弁当	*bento* box
松花堂弁当	luxury *bento* box
赤飯弁当	*bento* with red-bean sticky rice
握りずしセット	assorted *sushi*
まぐろ握り	tuna *sushi*
いか握り	squid *sushi*
ちらしずし、ばらちらし	bowl of vinegared rice with assorted *sashimi*

巻きずし	*maki*, sushi rolls
鉄火巻き	tuna *maki* (sushi roll)
ねぎとろ巻き	fatty tuna *maki* (sushi roll)
かっぱ巻き	cucumber *maki* (sushi roll)
かんぴょう巻き	gourd *maki* (sushi roll)
おしんこ巻き	Japanese pickle *maki* (sushi roll)
手巻きずし	hand-rolled *maki* (sushi roll)
いなりずし	vinegared rice wrapped with deep-fried *tofu* sheet
太巻きずし	jumbo *sushi* roll
ばってら	pressed mackerel *sushi*
押しずし	pressed *sushi*
いくら丼	bowl of rice topped with salmon roe
うな重	rice topped with grilled eel
親子丼	bowl of rice topped with chicken and egg
海鮮丼	bowl of rice topped with fresh seafood
かつ丼	bowl of rice topped with pork cutlet
小かき揚げ丼	half portion: bowl of rice with *kakiage* tempura
天丼	bowl of rice topped with *tempura*
牛丼	bowl of rice topped with beef

[洋食メニュー]

〜定食	set meal: 〜 with rice, pickles and *miso* soup
あじフライ	breaded deep-fried horse mackerel
いかのリング揚げ	deep-fried squid ring
えびフライ	breaded deep-fried prawn
カキフライ	breaded deep-fried oyster
チキン南蛮	deep-fried chicken marinated in vinegar
ハンバーグ	Hamburg steak
煮込みハンバーグ	stewed Hamburg steak
豚肉のしょうが焼き	pork ginger
ミックスフライ	assorted breaded deep-fried seafood and meat
ロールキャベツ	cabbage stuffed with minced meat
オムライス	"chicken rice" wrapped with egg omelet
カレーライス	curry with rice
スープカレー	curry soup with rice
ハヤシライス	hashed beef with rice
タコライス	rice with taco flavored ground beef, cheese, lettuce, tomatoes

カツサンド	pork cutlet sandwich
たこ焼き	octopus dumpling
お子様ランチ	special lunch plate for children

[中華メニューその他]

くらげの酢のもの	jellyfish salad
チャーシュウ	barbecued pork
バンバンジー	chicken salad with sesame paste sauce
ピータン豆腐	pidan century egg and *tofu*
車えびのチリソース	prawn in chili sauce
魚フライの甘酢あんかけ	deep-fried fish with sweet and sour sauce
青椒肉糸	stir-fried shredded beef (pork) and green pepper
牛肉のオイスターソース炒め	stir-fried beef in oyster sauce
酢豚	sweet and sour pork
鶏と野菜のぴり辛炒め	stir-fried chicken, vegetable and chili
北京ダック	roasted Peking duck
レバニラ炒め	stir-fried pork liver and Chinese chive
季節の青菜炒め	stir-fried seasonal greens
四川麻婆豆腐	braised *tofu* in Szechuan chili sauce
酸辣湯	hot and sour soup
冬瓜入りスープ	winter melon soup
ふかひれスープ	shark fin soup
魚介入り中華がゆ	seafood congee
五目海鮮やきそば	stir-fried noodles with seafood and vegetables
五目拉麺	noodle soup with meat, seafood and vegetables
担々麺	noodles with sesame paste and chili oil sauce
焼きビーフン	fried rice noodles
チャーハン	fried rice
冷やし中華	chilled noodles topped with meat and vegetables
中華丼	bowl of rice with chop suey
小龍包	soup dumpling
中華おこわ	sticky rice dumpling
韓国風焼肉	Korean barbecue
ジンギスカン	barbecued mutton/lamb and vegetables

[デザート]

季節のフルーツ	seasonal fruit
白桃のコンポート	white peach compote
ぶどうのシャーベット	grape sherbet
かぼちゃプリン	pumpkin pudding
あんみつ	agar jelly, red bean paste, red peas with brown sugar syrup
かき氷（宇治金時）	shaved ice with *matcha* green tea and red beans
かき氷（練乳）	shaved ice with condensed milk
抹茶アイス	*matcha* ice cream
葛きり	chilled *kudzu* starch noodles with brown sugar syrup
水ようかん	red bean jelly
わらびもち	*warabi* starch cake with soy flour and brown sugar syrup
杏仁豆腐	almond jelly

毛利桜子

小学3年から中学卒業時まで米国カリフォルニア州在住。上智大学外国語学部4年在籍時に全日本空輸㈱に入社。客室乗務員を務めたのち「ホテル西洋銀座」に移籍、宿泊部コンシュルジュとして勤務する。フリーランスの企業研修インストラクターを経て、2003年に同ホテル（運営はローズウッドホテルズ＆リゾーツ）に復職。トレーニングマネージャーとして10年間、国内外で人材教育を担当する。'13年よりフリー。コミュニケーション、ビジネスマナー、人材育成分野の企業研修講師および通訳・翻訳者として活動中。

簡単＆シンプルなフレーズで、
感じのよいおもてなし

使いこなせる！
レストランサービス英会話

初版印刷　2015年9月5日
初版発行　2015年9月20日

著者ⓒ　毛利桜子
発行者　土肥大介
発行所　株式会社 柴田書店
　　　　〒113-8477
　　　　東京都文京区湯島3-26-9 イヤサカビル
電話　　営業部 03-5816-8282（注文・問合せ）
　　　　書籍編集部 03-5816-8260
URL　　http://www.shibatashoten.co.jp

印刷・製本　株式会社文化カラー印刷
ISBN 978-4-388-15335-0

本書収録内容の無断掲載・複写（コピー）・引用・データ配信等の行為は固く禁じます。
乱丁・落丁本はお取替えいたします。
Printed in Japan